日経文庫
NIKKEI BUNKO

キャリアアップのための戦略論

平井孝志

日本経済新聞出版社

はじめに

ここ数年、草食系男子という言葉をよく耳にします。

かつては若い世代が団塊ジュニアとか新人類とかと呼ばれた時代もありました。呼び名は変わっても、私には、若い人たちの本質はあまり変わってないような気がします。若者はいつの時代でも同じように悩み、途方にくれながら、精一杯に生きようとしているものです。

今、経済環境は必ずしも良いとは言えません。会社や自分の将来が見えず、「流されつつも何とかしなければ」という感覚を強めている人が多いのではないでしょうか。

しかし、流されているだけでは何も始まりません。悩みを解消し、自分の人生を切り拓いていくためには、まずは小さな一歩を踏み出すことが肝心です。その一歩とは「自分のキャリアをしっかりと考える」ことにあると私は考えています。つまり、これからどうやって生きていこうかと「自分自身を見つめ直す」ことが大切なのです。

また、今の世の中、キャリアを積み重ねていくうえではビジネス・スキルも必要です。たとえば、経営や仕事に関する最低限の知識は持っておきたいものです。

そこで皆さんの「キャリア設計」と「ビジネス・スキル獲得」の両方を、同時に手助けする「よくばりな本」を目指して本書を書くことにしました。なので本書は、キャリアアップを真剣に考え始めた若手ビジネスパーソンにとっては、多くのヒントがあると思います。また、就活中の大学生にとっては、面接対策にも役に立つかもしれません（笑）。

そもそものきっかけは、タクシーの中でのなにげない同僚との会話でした。

「企業の経営と人生の経営はよく似ているな～」

「自分のキャリアを設計するために考えるべきことと、企業の経営戦略やマーケティング戦略を構築する際に考えるべきことは同じじゃないか？」

「経営戦略やマーケティング戦略の考え方を活用しながら、自分のキャリア設計を考え、同時に、経営戦略やマーケティング戦略の本質を理解できる本があれば一石二鳥だ！」

こうして本書はできあがりました。よって本書の内容は、次のような構成になっています。

「キャリア設計」　　　　　　　　　　　　　　　　「経営学の基本」
第1章　自分は何をしたいのか　　　　　　　　　⇕　経営理念・ビジョン・中長期目標
第2章　自分の強みを見つめ直す　　　　　　　　⇕　コア・コンピタンス
第3章　戦略的に道を切り拓き、競争に勝つ　　　⇕　基本戦略
第4章　自分ブランドを浸透させる　　　　　　　⇕　マーケティング・ブランド
第5章　自分を動かし、持続させる　　　　　　　⇕　組織力・現場力

このように第1章から第5章までを読み進めることによって「キャリア設計」と「経営学の基本」の両方が理解できるように工夫しました。ただそれぞれの章や節は独立しているので、どこからどう読んでも大丈夫です。

私はこれまで四つの会社で働いてきました。そして長年、グローバルな経営コンサルティング会社の共同経営責任者（パートナー）の一人として仕事をしてきました。

今では経営コンサルティング会社も人気職種の一つになりました。経営コンサルタントを目指す人にとってパートナーは一つのゴールだともいえます。そう考えると、一見、順調な

キャリアを歩んできたようにも思えるかもしれません。しかし、私の仕事人生は様々な苦労と挫折の連続でした。

最初の会社では、会社の方針が変わり、昇進のスピードが緩やかになったことに不満を持ち、それが転職のきっかけの一つになりました。その後、デルやスターバックスで経営企画やマーケティングの仕事に携わりましたが、そこでは様々なことにも翻弄されました。一攫千金を夢見てネットベンチャーに参画し、苦労したこともあります（一攫千金の夢はかないませんでした……）。

でもこれらすべてが、自分のキャリア形成の中で大きく役に立っていると感じています。たとえばデルとスターバックスの競争力の「根っこ」は同じだと気づき、それについての本も出版することができました（『顧客力を高める』東洋経済新報社）。また、早稲田大学、慶應義塾大学の大学院（ビジネススクール）で、経営戦略やマーケティング論を教える機会にもめぐり合えました。

私がこういった機会をとらえることができたのも「自分のキャリアについて考える」ことを忘れず、小さな努力を積み重ね、「偶然」を「必然」に変えてきたからだというふうに思えるのです。そして、本書にあるように、経営戦略やマーケティングのノウハウを自分のキャリア形成に活かしてきたからかもしれません。

また本書では、自分の価値や能力をどうとらえ、どう高めるかについて、私の体験も含めて話していきたいと思います。私もまだまだキャリア形成の途中段階にいる身です。ひょっとしたらこの本は、これまでめぐり合えた多くの優れた人々から学んだことや先達の体系的な知恵を「自戒の言葉」として綴ったものだといえる気もします。

それらを皆さんと共有することで、少しでもお役に立てれば、私にとってはこの上もない幸せです。

実は、本書は二〇一〇年に刊行した『売れる「じぶん」を作る』（日本経済新聞出版社）を文庫化したものです。すでに出版から約六年が経ちました。それゆえ少し手直ししましたが、一部、古い事例や表現が残っています。その点はご容赦いただければと思います。

また、この六年で私自身のキャリアも変わりました。この三月に大学教授へと転身したのです。これからは、筑波大学大学院ビジネスサイエンス系教授として、心機一転、研究教育に取り組んでいくつもりです。大学教員は、自分のキャリアゴールの一つだったので、いよいよ夢がかなうという感じです。

文庫化のきっかけは、日本経済新聞出版社の女性若手編集者が『売れる「じぶん」を作る』に共感し、日経電子版の記事で取り上げてくれたことでした。文庫化も「偶然」がもたらした「必然」かもしれません。それゆえ、できるだけ多くの方に手にとってもらえれば幸いです。

二〇一七年三月

平井　孝志

キャリアアップのための戦略論――【目次】

第2章　自分の強みを見つめ直す ——競争優位、オーバーエクステンション戦略——　53

第3章 戦略的に道を切り拓き、競争に勝つ ―競争戦略、オープンイノベーション― 87

第4章 自分ブランドを浸透させる
――マーケティング、ブランディング―― 127

第1章

自分は何をしたいのか——理念、ミッション、経営計画

1　「あるべき姿」を思い描くことが生きがいにつながる

POINT 将来の自分の「あるべき姿」が明確でなければ、前へ進む力や充実感はわいてきません。人生をどう生きるかの〈HOW〉よりも、何をなすべきかの〈WHAT〉を考える姿勢が成功のための出発点となります。

一〇年後の自分を思い描く

入社して何年か経つ頃、ビジネスパーソンの多くは漠然とした焦りに出くわすことが多いようです。

それなりに仕事も忙しく、プライベートもそこそこ充実しているのに「自分は何のために頑張っているのだろうか、これでいいのだろうか」という素朴な疑問に答えられず、ショックを受けるのです。あるいは就職活動をする大学生が「自分は何をしたいのか」がわからず悩んでいる姿もよく目にすることがあります。

このような感覚は実はとても大切です。なぜならそれは「夢」ともいえるべき自分の「将来のあるべき姿」が不在であることに気づかせてくれるきっかけだからです。

小学生や中学生の頃は誰しも大きな夢という「あるべき姿」を持っていました。たとえば「Jリーグの選手になりたい」「ノーベル賞をもらいたい」あるいは「総理大臣になりたい」。大きな夢に胸をふくらませ、青春時代を過ごしてきたことかと思います。しかし、大人になって現実の世界で揉まれるうちに、そんな大きな夢はいつのまにかどこかへいってしまいます。

私自身、デルに勤めていた三〇代の頃、漠然とした焦燥感の中にいました。今、何かをしなければいけない、でも何をやっても焦りが消えない。そんな時、上司だったアメリカ人から人事考課の一環として一〇年後の自分の「あるべき姿」を書くように言われました。

そしてハッと気づいたのです。自分のこの焦燥感は「自分はこうありたい」ということが見えず、それゆえ着実に前へと進んでいないという感覚から来ていることに。つまりその頃、私は一〇年後にこうありたいといった具体的な「あるべき姿」を見失っていたのです。

こう言うと「年収一〇〇〇万円稼げるようになりたい」「出世して役員になる」あるいは「一流企業に勤めたい」といった具体的な夢を持っているという答えが返ってくるかもしれません。

でも私の考えでは、人間はもっと心の奥深いところで「自分は何なんだろう」という自分自身の価値とも呼べる「あるべき姿」を探し続けているような気がするのです。それを真剣に考え、自分の人生に対する明確な方向性を持たないと、先ほどのような焦燥感はいつまでたってもなくならないのではないでしょうか。

当時私が描いた一〇年後のあるべき姿は「経営について深く理解し、孤軍奮闘する経営者を支える人材になること」でした。そしていくつかの具体的なオプション（選択肢）を想定しました。たとえば大企業の経営企画部門の責任者になる、大学教授になって社外アドバイザーになるなどです。今は、経営コンサルタントとしてキャリアを積んだ後、大学教授へと転身し、昔から描いていたあるべき姿を実現しつつあります【図1－1】。

自分自身の絶対的判断軸に

経営学では、よく企業のビジョンやミッションの重要性について議論をします。特にエクセレント・カンパニーは、必ずといっていいほどＢＨＡＧ（Big Hairy Audacious Goal）という社運を賭けた大胆な目標を持っているといわれています。

経営学でいうビジョンやミッションには、「正しい」「間違っている」という判断軸は存在しません。また、それらは論理を組み立てていけば自動的に出てくるものでもありません。

図1−1　30代の頃に描いた10年後の「あるべき姿」*

*実際に当時作成した英語の資料をほぼそのまま和訳したもの。1〜2年後の選択肢は当時おおよそ見えていたもの

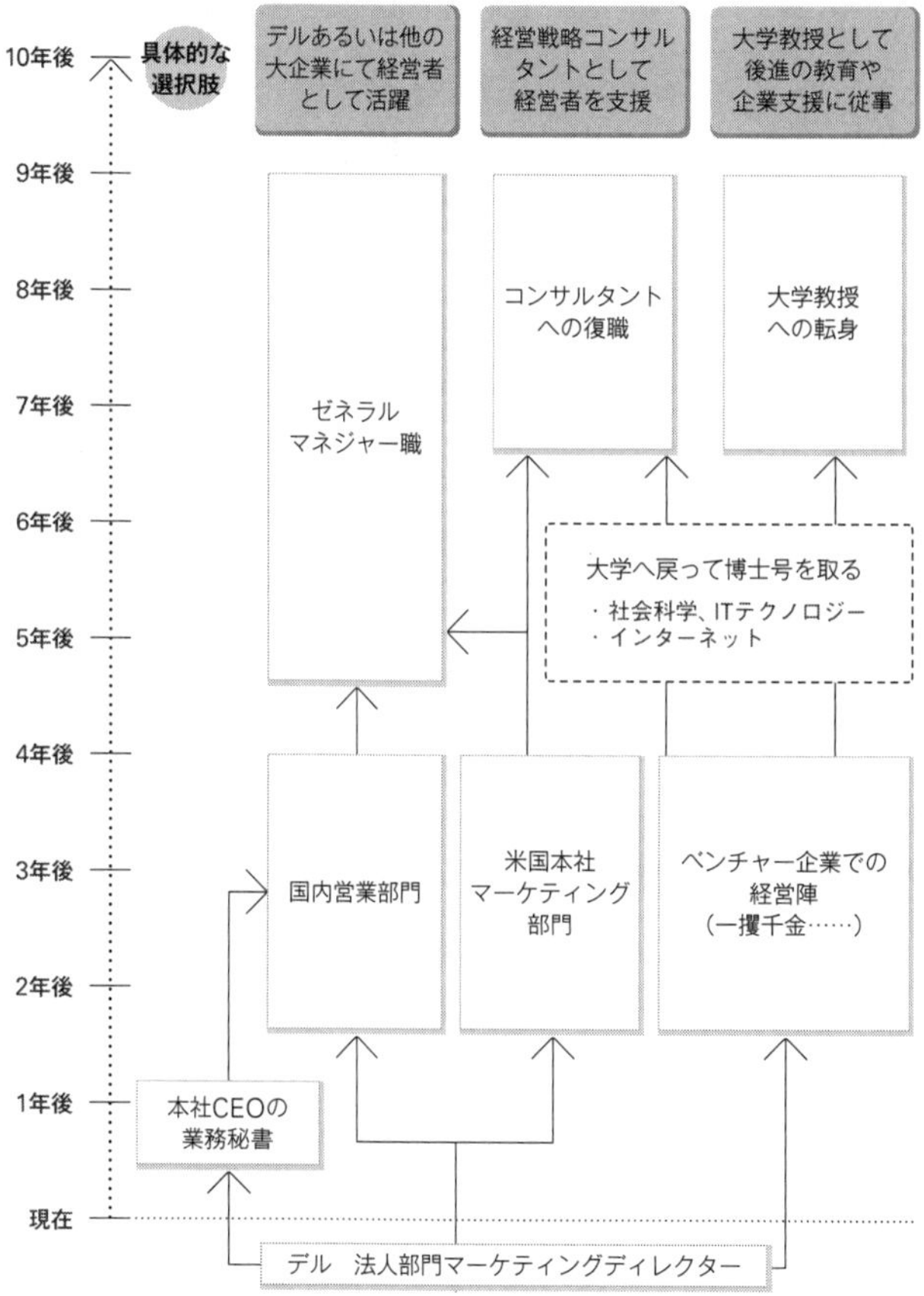

さらには誰かが与えてくれるものでもありません。経営者自らが強く打ち立てるものです。個人にもきっと同じことがいえるでしょう。人生の主役は自分自身なのだから、自分自身を見つめ直し、自ら「あるべき姿」を決める覚悟と勇気が必要なのです。

青春時代に比べ、世の中のことがよくわかっている今だからこそ、より大きな夢、より本質的な夢をもう一度描けると考えたほうがよいのではないでしょうか。それにもかかわらず、企業に比べ、個人のビジョンやミッション、つまり「あるべき姿」は、日々の忙しさに流され、立ち止まって考えられることが少ないような気がします。

昨今、日本は経済的にも、社会的にも混迷しています。こんな時代だからこそ「あるべき姿」をしっかりと持つべきでしょう。そのあるべき姿はこんな時代を切り開いていくブレない自分自身の絶対的判断軸になるはずです。判断軸を自分の外、たとえば他人の評価といったような相対的なものに求めていては右往左往するばかりです。

参考までに、私自身が「なるほど」と思えたエピソードを二つ紹介します。一つ目はある講演で聞いたレンガ職人の逸話、もう一つはあるドラマの一シーンです。

昔、街のはずれでレンガを作っているレンガ職人がいました。通りかかった旅人が三人の職人にそれぞれ声をかけると三者三様の返事がかえってきました。一人目はいやいや泥をこねてレンガを作っていると言いました。二人目は、レンガを作るのが好きなので黙々と作っていると言います。三人目は「このレンガで新しい大聖堂を作るのだ」と、嬉々としてレンガを作っていると言うのです。

三人目の職人には「大切な大聖堂作りに貢献する自分」という「あるべき姿」がはっきりと見えていたのでしょう。「あるべき姿」を持つことは人に生きる力と喜びを与えます。そして、その実現に向けた努力は、今ココを生きる充実感をもたらしてくれるものだと思います。

二つ目の話はＮＨＫの大河ドラマ「利家とまつ」の中の一シーンです。それは豊臣秀吉と前田利家が立身出世について議論する場面でした。その会話の内容はおおよそ以下のようなものでした。

利家「何のために出世するのだ？」
秀吉「出世して、いいモノを着て、うまいモノを食べて、側室をいっぱい持つのだ」
利家「それだけか？　それでその後どうするのだ？」

秀吉「……」
利家「もっと男を磨け。人間は死ぬまでの信義の禄高こそが大切だ」

少し考えてみてください。出世して役員になったら、その先には何があるのでしょうか？年収一〇〇〇万円を達成したら、それであなたはどうなっているのでしょうか？

きっと大事なことは、そんな〈HOW〉に近い内容ではなく、その先にある何をなすべきかという〈WHAT〉ではないのでしょうか。

正解はひとつではありません。人それぞれといえるでしょう。

ぜひ、いま一度、自分の将来の「あるべき姿」を描き直してみてください。きっと生きる喜びを深く実感できるようになるはずです。

column

『ビジョナリーカンパニー』の教え

ジェームズ・C・コリンズとジェリー・I・ポラスは、その著書『ビジョナリーカンパニー』の中で、BHAGの重要性を強調しています。このBHAGを持つことが、企

図1-2　BHAG（Big Hairy Audacious Goal）

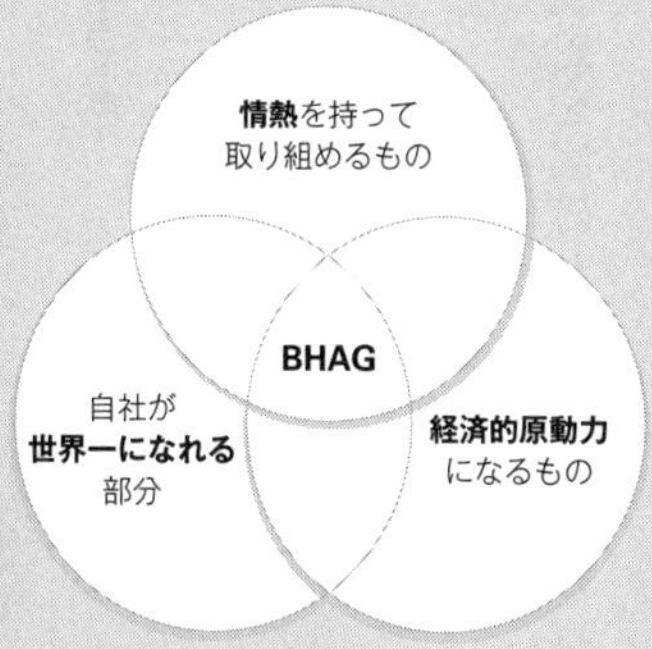

出所：『ビジョナリーカンパニー②飛躍の法則』、p319

業の進歩を促す仕組みとして働くからです。つまり、ＢＨＡＧが物事を前に進める推進力・求心力の役割を果たすわけです。

ＢＨＡＧの例としては、ケネディ大統領の「六〇年代の終わりまでに人を月に送る」や、軍用機メーカーであったボーイングの「民間航空機市場で大手になる」などが挙げられます。スターバックスもＢＨＡＧを掲げて成功した企業であり、「最高級コーヒーの世界一の供給者になる」とうたっています。

ＢＨＡＧの満たすべき要件は三つあります。それは、①情熱を持って取り組めるもの、②自社が世界一になれる部分、③経済的原動力になるもの、です**【図1－2】**。

また、実証研究によると、エクセレント・

カンパニーといわれる企業は、自分たちの達成すべきことをみんなで共有し、存在意義に対してカルト的な文化を持ち、決して現状に満足することなくさらに上を目指す文化を持っている、という特徴があります。そのためには、誰を同じバスに乗せるか（誰と一緒に仕事をするか）は特に重要となるわけです。

《参考文献》
ジェームズ・C・コリンズ、ジェリー・I・ポラス（山岡洋一訳）『ビジョナリーカンパニー』（日経BP社）
ジェームズ・C・コリンズ（山岡洋一訳）『ビジョナリーカンパニー②飛躍の法則』（日経BP社）

2　視野を広げれば、「志」が高まる

POINT

「自分に影響を与える範囲」全体に自分の視野を広げることができれば、人生の危機やチャンスに備えることができます。また、日本人としての「根っこ」を意識し、「志」を高めれば、相手に対する影響力を高めることができるのです。

自分の視野でしか物事はとらえられない

私はもともと理科系の出身で大学院（修士）の頃までは物理の研究者を目指していました。それが今ではビジネスの領域で仕事をしています。ほぼ一八〇度人生が変わったのですが、その発端は自分の「**視野の広がり**」にありました。

きっかけは思いもよらないところに転がっていました。

大学の研究室で実施していた英語論文の輪講（学生が順番に論文や本の一部を担当し、読みながら議論する授業）の時のことです。予習もせずに輪講に臨んでボロボロになった私に対し、指導教官が「平井君は英語がヘタですね」の一言。そのごもっともなお言葉に「カチン！」ときた私は、即、英会話学校に通い始めることにしました。そこで外国人と知り合い（それまではほとんど外国人と話したことなどありません……）、いろんな話をし、一緒に遊び、いろんな価値観や知識に触れることになったのです。

私の視野は一気に「研究室」から「グローバル」へと広がりました。それはやがてグローバルな場で活躍したいという想いに変わったのです。そしてその後、常にグローバルを意識し、グローバルを相手に奮戦してきました。

人間は、当然ですが「自分の視野」でしか物事を考えられません。それが「自分に影響を与える範囲」より小さければ、自分の人生をコントロールすることはかなわないでしょう。いまや海外での金融危機が、すぐさま日本の地方都市の外国人労働者の生活に影響を与える世界になってしまいました。誰にとってもグローバルを見通そうとする視野は必要だといえるのではないでしょうか。

私は幸いにも「英語がヘタですね」の一言で「自分の視野」をグローバルへと広げることができました。私はきっかけをつかむことができたといえるのかもしれません。忙しいビジネスパーソンや学生は、意識的に視野を広げる努力が必要だといえるでしょう。

私は仕事柄、経営者の方々と議論する機会が多くあります。その際、優れた経営者の視野の広さや深さに感嘆させられることが時々あります。不思議なことに、企業単位の話がいつのまにか社会や国家単位の話になっていくのです。

たとえばある食品メーカーのトップと話をしていた時のことです。「日本の食品業界を産業としてとらえるべきか、それとも資源としてとらえるべきかによって自社の立ち位置も変わってくるんですよ」とか「食料自給率の低さを日本の安全保障上の問題と考えれば、食品メーカーは国内調達の強化も考えなければならない」といったふうに、企業戦略の話がいつのまにか国家レベルの大局的な議論になっていったことを今でもよく覚えています。

「自分の視野」が広がり「自分に影響を与える範囲」に近づくと二つのメリットが生まれてきます。一つは問題解決能力が高まること。もう一つは自分の「根っこ」が見えてくることです【図１－３】。

問題の真因に近づける

一つ目のメリットの「問題解決能力が高まる」ということは、ある程度容易に想像できるのではないでしょうか。ロジカルシンキングの本などでよくいわれていることですが、問題の裏返しは答えではありません。「ピアノが弾けない」→「ピアノを弾けるようになりなさい」、「公式が理解できない」→「公式を理解しましょう」では何の解決にもつながりません。本当の問題解決を行うためには、問題を広く深くとらえることが重要となります。つまり問題の設定範囲（視野）を広げることで問題の背景の理解が深まり、問題の真因に近づくことができるのです。

クロネコヤマトの宅急便の例を取り上げてみましょう。今では当たり前となった宅急便。それが生まれるまで、小口配送の手段は郵便局の小包しかありませんでした。お客さんの立場からすると、国の運営しているサービスしか選択肢がないのは不便なことだといえるでし

図1-3 「自分の視野」と「自分に影響を与える範囲」

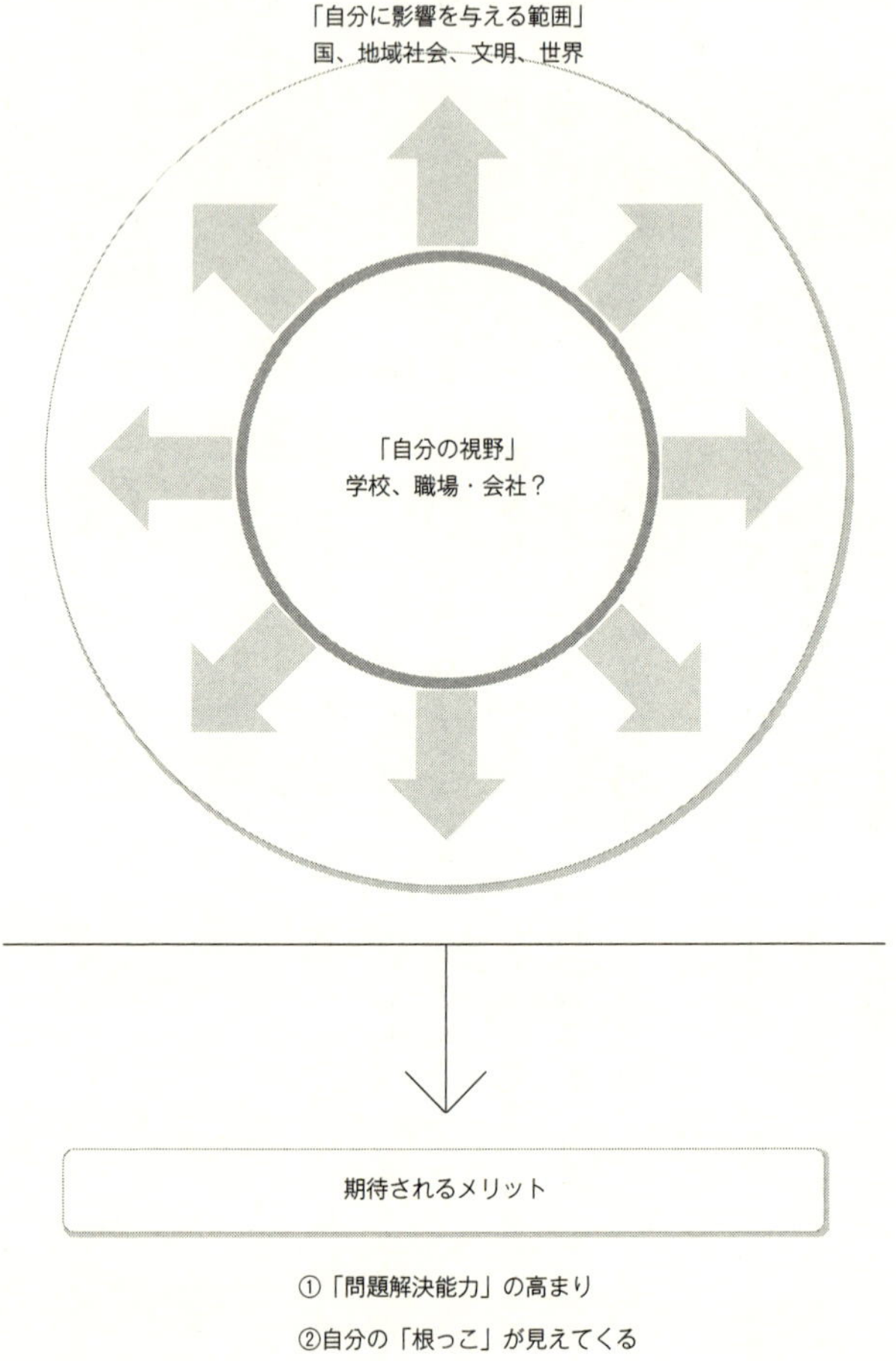

ょう。しかし、企業の製品や原料を運ぶ大口定期配送と違って、小口配送は、誰が、いつ、どこから、どこまで、どんなものを運ぶのかの検討がつきません。さらにはその範囲は全国津々浦々。事業としては大変難しく、誰も手を出せるとは思っていませんでした。

しかし、それに挑戦した小倉昌男氏（宅急便の創業者）の視野は広く、異なる世界が見えていたようです。大口配送は競争相手が多く競争が激しいけれど、小口配送の競争相手は一社（郵便局）しかない。しかもそれが一般的には決して効率的とはいえない「官」であること。また、他社に先駆け「ブランド」や「集荷配送ネットワーク」を作ると圧倒的に有利であること。小口は大口と違って値引きもなく利益率が高くなること。現金払いなのでキャッシュフローもよくなること。誰が、どこに、何を送るかがわからなくても、その量が増えればすべては統計学に従い、事業としてコントロール可能になること。そして荷物を集めるパートナーも存在すること（今はコンビニ、当時は米店・酒店）など、問題の背景を正しく理解し、本気で取り組めば魅力的な事業になることをきっと見通せていたのだと思います。

そして小倉氏は、自分たちの携わっている大口配送事業の範囲を超えて、宅急便という新しい仕組みを作り、非効率な日本の小口配送という問題を解決することに成功したのです。

小倉氏は、時には国家権力に敢然と立ち向かいながら、また時には部下の反対を押し切りながら、それを実現していきました。

個々人の生活においても「自分の視野」を「自分に影響を与える範囲」に近づけることで、問題解決能力が高まるのではないでしょうか。たとえば「仕事がうまくいかない」「就職が思うように決まらない」といった場合、「残業する」とか、「数多く受ける」といった小手先で何とか解決しようとするのではなく、視野を大きくグローバルに広げれば「MBAをとりに行く」「海外で就職する」といった選択肢も見えてくるかもしれません。それは何十年という長いキャリアの中では重要な意味を持ってくるはずです。

自分の「根っこ」が見えてくる

自分の視野を広げることの二つ目のメリットは、自分の「根っこ」が見えてくることです。「海外で生活して初めて強く日本人であることを意識した」という話はよく聞きます。私自身、ボストンに二年間留学した際、日本人としての自分のルーツについてよく考えさせられたものです。何かを理解することは、その何かだけを見ているだけでは難しいものです。その何かの周りも見ることで初めてその何かを理解できるようになります。つまり「自分に影響を与える範囲」＝「グローバル」を考えることは、日本で育ち、日本で形づくられた日本人であるという個性、すなわち日本人の「根っこ」を理解することにつながるのです。

以前、こんな笑い話がありました。私が勤めていたローランド・ベルガーでは、年に数回、全世界のパートナーが一堂に会する社内会議があります。その懇親会での出来事でした。フランス人パートナーが私に「武士道」についていろいろと質問してきました。どうやら映画の「ラストサムライ」に感化されたらしいのです。そしてそのフランス人パートナーは勢いあまって今度はロシア人パートナーに「武士道」について解説を始めました。するとロシア人パートナーは「それって『ラストサムライ』で観た話に近いぞ……」と気づいたのです。実は二人の情報源はどちらも「ラストサムライ」だったのです。

ただ二人ともその映画を観ていたことに、私は正直驚きました。島国の日本と違って、周囲の国に翻弄されてきた国の国民は、常に自分たちの「根っこ」、そして相手の「根っこ」を理解しようと努力しているのかもしれません。外から見ると、日本人の「根っこ」には「武士道」が厳然として存在しているのだと思います。

自分自身をしっかり理解し、自分の「根っこ」がはっきり自覚できると、人は自信を持てるものです。その時初めて人は本当に周りを理解し、周りを受け入れることができるようになるのです。自分を理解できない人は他人を理解することは難しいといえるでしょう。

かつての明治維新の志士とはいかないまでも、自分の「根っこ」から出発し「枠」を広げ、地域社会、天下国家、文明、そして世界を考えるよう心掛けてはどうでしょうか。

「枠」の広さが相手に対する包容力や安心感を生み、自分に対する信頼につながります。また、自分の「枠」が広がると、おのずと「志」は高くなります。そして高い「志」は「品格」を生む原動力にもなっていきます。人は強い人についていくのではなく、その人の持つ「枠」や「志」の大きさに惹かれてついていくものです。

ただ心配しないでください。

「枠」を広げるためには、そんなに大それたことをする必要はありません。日常の出来事、新聞記事などを、ちょっと視座を上げて眺めるクセをつけるだけでよいのです。

column

小倉昌男、新渡戸稲造に「志」を学ぶ

クロネコヤマトの宅急便を作った小倉昌男はその著書『小倉昌男　経営学』の中で、宅急便が生まれるまでの悪戦苦闘の歴史を語っています。

最大顧客である三越との取引中止、セールス・ドライバーを鍵とする「全員経営」の体制作り、航空会社にならったハブ・アンド・スポークの集配ネットワーク作り、運輸大臣相手の訴訟など、数々の自己否定と新たなイノベーションの連続によって、小倉は物流サービスの「商品化」に成功しました。

企業経営では、常に二律背反する課題に直面します。たとえば「サービスを良くすればコストが高くなる」「在庫の量を下げれば、欠品率が上がってしまう」などです。しかし、経営者はその二律背反を、高い次元で調和しつつ解決していかなければなりません。クロネコヤマトでは「時間指定配達」のように、顧客利便性を向上しつつ企業としてのコストも下げる打ち手（不在による配達の二度手間がなくなる）を導入するなど、様々な二律背反の克服を実現しています。

一方、企業経営においては、現場に対する優先順位の明示も重要となります。あれもこれも大事と言われれば現場は混乱するばかりです。小倉は、これに関しても明確に「サービスが先、利益は後」を打ち出しています。

小倉は、経営リーダーの条件もその著書の中で提示しています。それは次の一〇カ条です。①論理的思考、②時代の風を読む、③戦略的思考、④攻めの経営、⑤行政に頼らぬ自立の精神、⑥政治家に頼るな、自助努力あるのみ、⑦マスコミとの良い関係、⑧明るい性格、⑨身銭を切ること、⑩高い倫理観。

小倉は広い「枠」を持った、「志」の高い名経営者だったのでしょう。

日本人のビジネスパーソンにとっての「志」について理解を深めるために、経営学からは少し離れますが、新渡戸稲造が一八九九年に書いた『武士道』を紹介しておきましょう。もともとは英語で書かれた書物であり、その中で、義、勇、仁、礼、誠、名誉、忠義など、日本人の「根っこ」が語られています。

日本人はどこまでいっても日本人です。仏教、神道、儒教の教えなどが渾然と合一した道徳規範が「武士道」であり、日本人の精神的バックボーンでもあります。自分の「根っこ」を見つめ直す際に、おすすめしたい本です。

《参考文献》
小倉昌男『小倉昌男　経営学』（日経BP社）
新渡戸稲造（岬龍一郎訳）『武士道』（PHP文庫）

3 「未来の歴史」を作り、選択の質を上げる

POINT
環境は必ず変化します。過去の成功体験は、未来の成功の鍵とは限りません。自分なりの「未来の歴史」を描き「持論」を持ちましょう。それによって日々の充実感と意思決定の品質を上げることができます。

シナリオ・プランニングで未来を想定

今この本を手に取って読んでくれている皆さんは若手ビジネスパーソンか就職活動中の大学生が中心なのではないかと思います。これまでもいろいろな苦労をしながら頑張ってきたことでしょう。ここで少し一息ついて次の二つのことを振り返ってみてください。

①今の職場（学校）で今の仕事（勉強）をしている自分は、一〇年前に想像していた通りですか？
②今の職場（学校）で充実した生活を送るために大切なことは、一〇年前に大切だったことと同じですか？

まず質問①については、過去に想像していた通りの生活を送っているという人は少ないのではないでしょうか。たとえば人前で話すことが苦手だった自分がお客様向けセミナーでプレゼンをしているとか、ピュア文系だったのに商品開発にかかわっているとか、あるいは昔は理科が好きだったのに今は経営の勉強をしているとか……。

また質問②については、一〇年前に生きていくうえで大切だったことと今大切なことはきっと違っているはずです。なぜなら、たとえば小学校の時はケンカが強いことが大切だったけれど、中学では部活で活躍することが大切で、高校では勉強、大学では友達付き合い、会社に入ったら英語力など、自分を取り巻く環境が変化する以上、その時々で成功し、充実した生活を送るために大切なことは変わっていくのが普通だからです。

こう考えると、未来のことは誰にもわからず、将来成功するために今何をすべきかということも本当のところはわからないと思うかもしれません。しかし、だからといって単に流れに身を任せているだけでは未来を切り開いていけないこともまた事実です。

では、どうすれば未来に備え、今を充実させることができるのでしょうか。

それには「未来の歴史」を描いてみることです。経営の世界ではその手法が「シナリオ・

プランニング」として知られています。やり方はシンプルです。

まず将来の変化を引き起こす要素を数多く挙げてみることから始めます。そしてその中で最も重要な要素を二つ選び出すのです。その二つの要素は「**ドライビング・フォース**」とも呼ばれています。

次に、その二つのドライビング・フォースを組み合わせて2×2のマトリックスを作成し、四種類の起こりうる未来を想定するのです。

個人に応用してみると次のような感じになるかもしれません。

たとえば、あなたが今二五歳で、三〇歳になる五年後の未来を考えたとします。

もしドライビング・フォースとして「結婚しているか否か」と「健康か病気か」を選んだとしたら、四種類の異なる未来が見えてきます**【図1－4】**。そして未来の歴史家になったつもりで、その結末に至るまでの詳細なシナリオを描き出すのです。

たとえば最も望ましく、可能性の高い未来である「結婚」＋「健康」の場合、

「今から一年後に成果報酬の大きい営業に配属を希望し異動。その後、ガンガン営業成績を上げ、お金をためている自分がいる。そのお金で三年後に結婚して、五年後には子供も生

図1-4　シナリオ・プランニングと「未来の歴史」

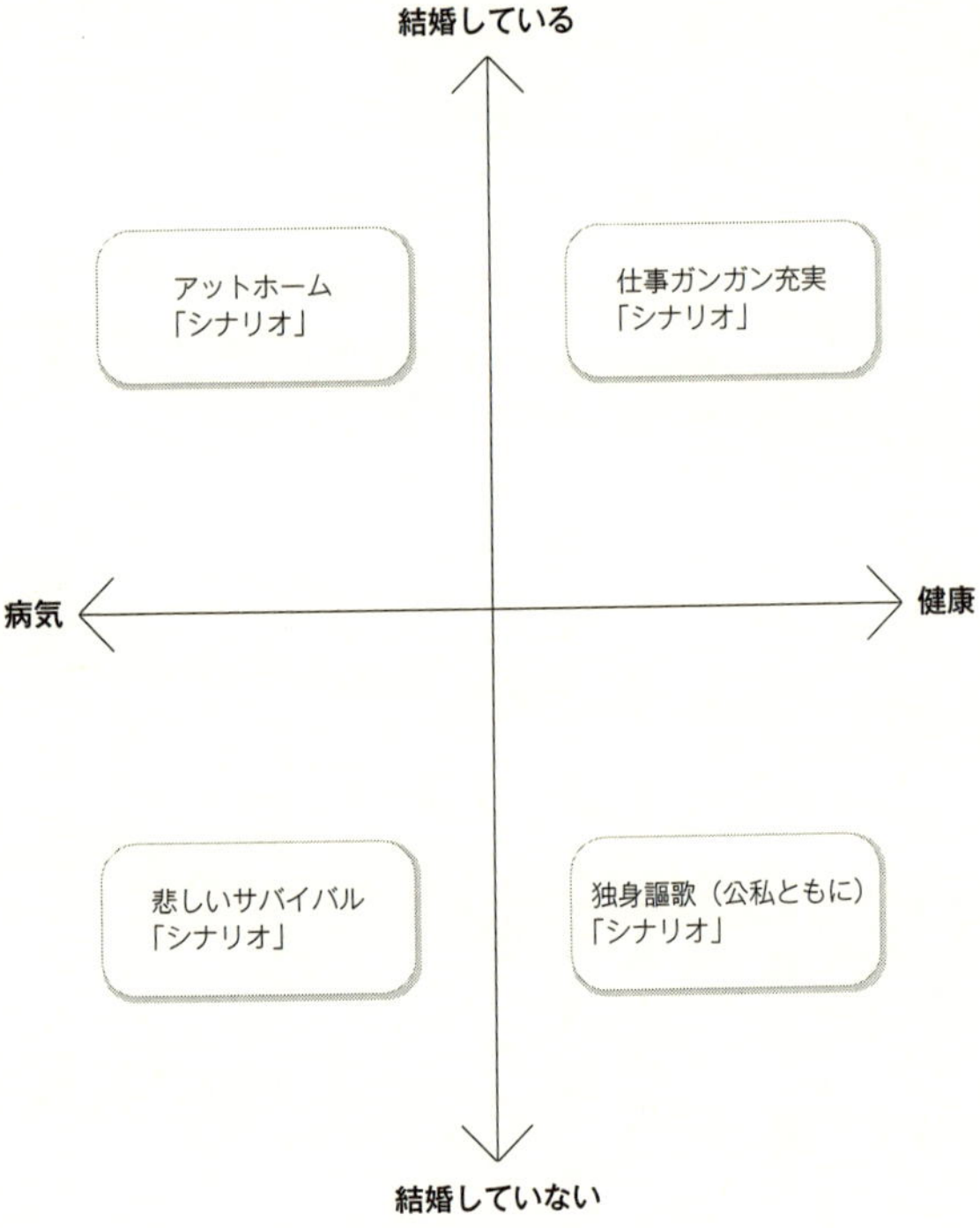

まれている。そのためにも直近一年間はスポーツクラブに週一で通って健康を維持し、営業成績を上げるために、まずはマーケティングを社外の教育機関で学んでいる」

先手先手で未来に備える

このように「未来の歴史」を考えてみることは大切なことに気づかせてくれます。まず、未来が必ずしも一〇〇％外から来るものではなく、自分の意思も影響しているという事実です。

そして「未来の歴史」を考えることによって今後何が起きそうか、何が起こるべきかについて、自分を主語とした「持論」を持つことができるようになることです。持論を持つことは力強く未来を切り開く力につながります。つまり冒頭の質問①と質問②に、先手先手で備えることができるようになるのです。

先ほどの例の場合、「未来の歴史」を考えることで、あなたは明日から社外のマーケティング講座に申し込むアクションを起こしているかもしれません。将来を見据えて行う努力は、現在の充実感も高めてくれます。

もし万一、未来がこの通りにならなくても嘆く必要はありません。このようなシナリオを考えておくことで、なにか想定外のことが起こった場合でも、早め早めに自分のアクションの軌道修正を行うことができるからです。「軌道」という想定していた道筋がなければ、それを「修正」することもかないません。つまり、未来を見通す努力は、その時々の意思決定の質を高めるという大きな副産物ももたらしてくれるかもしれないのです。

メンタル・モデルを修正する

また「未来の歴史」には、自分の偏ったものの見方を修正してくれる効果も期待できます。難しい言葉でいうと「**メンタル・モデル**」の修正と表現することができます。メンタル・モデルとは、自分たちの脳ミソに深く根づいている指針となる考え方であり、解釈の仕方です。ヒトはメンタル・モデルという非常に強固な思考パターンを通して世の中を見ているのです。

たとえば「自分はずっと健康だ」といった単純なものから「学校での勉強はあまり役に立たない、有名な予備校の教育こそ最高だ」などレベル感はバラバラです。このようなメンタル・モデルは、入ってくる情報にフィルターをかけ、意思決定を行う際のバイアスとなります。そしてメンタル・モデルに反する意思決定を逡巡させるのです。

しかし、環境は常に変化しています。時にはメンタル・モデルの修正が必要な場合もあります。「未来の歴史」をゼロベースで考えることは、世の中を見て理解するためのメンタル・モデルを変えていくことにつながります。メンタル・モデルを時代遅れにしてはなりません。

非常に動きの速い世の中、ただ単に流れに身を任せているだけではむなしい限りです。また、「時間切れ」を意思決定のトリガーにすることも正しいとは思えません。常に質の高い意思決定を目指したいものです。

未来はただ単に外からやって来るものではありません。決してアン・コントローラブル（制御不能）な塊ではないのです。未来は自分の中に眠っている可能性の広がりととらえるべきではないでしょうか。その可能性を開くためにも、自発的に「未来の歴史」を考え、自ら凜々しく意思決定をしていく覚悟を持ちましょう。

column

シナリオ・プランニングと、メンタル・モデルの修正

シナリオ・プランニングは、不確実な時代における「経営の思考法」として注目を浴びました。政治、経済、宗教など様々な要因の影響を受け、かつリスク・リターンの大

き い石油業界において本格的に導入されたのがきっかけとなりました。ロイヤル・ダッチ・シェルはこの手法を活用し、未来の変化に対する適応能力を身につけ、競争優位を確立することに成功しています。

未来を考えることの本質は、その構造、つまりシステムを理解することにあります。マサチューセッツ工科大学（ＭＩＴ）で形づくられていったシステム・ダイナミクス（様々な要素のインプット／アウトプット、ストック／フローをコンピューターでシミュレーションし、世の中や経営の構造に迫ろうとする学問）は、そのための示唆を数多く提供しています。たとえば「原因と結果は時間的・空間的に近接しているとは限らない」「安易な出口は通常元に戻る」といった面白い示唆を提供しています。

シナリオ・プランニングが企業にとって大きな意味をもたらすもう一つの大きな要素は、組織学習を促すことです。本文中で紹介した「メンタル・モデル」は、個人のみならず組織にも存在しています。ある意味、個人よりも組織において強固なメンタル・モデルが存在しているといっても過言ではありません。

特に過去の成功体験はあまりに強固だと、環境変化が成功の鍵（ＫＳＦ：Key

Success Factor）を変えているにもかかわらず、組織のメンタル・モデルは組織を過去に縛り付け、失敗へと追いやってしまいます。

組織学習を促進するためには、出来事（現象）だけを見ていてはダメです。出来事の裏に潜むシステム構造を理解することが大事であり、そうすることによって先手先手、あるいは本質的な打ち手が可能となるのです。

出来事だけを見ているのでは経営はどんどん受け身になってしまいます。より大切なことは物事のパターンや、その先のシステム構造を見極める姿勢なのです。

《参考文献》

キース・ヴァン・デル・ハイデン他（西村行功訳）『［入門］シナリオ・プランニング』（ダイヤモンド社）

ピーター・M・センゲ（守部信之訳）『最強組織の法則』（徳間書店）

4 「テーマ」を持ち、学ぶことを探す

POINT 学ぶ喜びを取り戻しましょう。「世の中ってこういうことなんだ」と納得して理解するためには、経験を解釈する知恵の蓄積が必要です。毎年「テーマ」を決めて学び続ければ、それはやがて大きな力となり、世の中を見る目を養い、人格を深めることになります。

頭の「引き出し」を増やす

みんな、就職すると大学時代にもっと勉強しておけばよかったと後悔することが多いようです。私もその一人でした。大学時代あまり勉強しなかった私は、就職後、自分の教養の土台がほとんど高校までの学習で終わっていることに気づいて愕然としたものです。

私が学ぶ喜びを取り戻せたのはＭＩＴ（マサチューセッツ工科大学）に留学した時でした。米国系の戦略コンサルティング会社ベイン・アンド・カンパニーに入社し、仕事の厳しさと時間のなさを痛感した後の留学だったので、学ぶことがとても新鮮で刺激的だったのを今でも覚えています。私はとても幸運だったといえるでしょう。

よく心理学で、人は経験していないことは考えられないといいます。思考の範囲は経験か

らのアナロジー（類推）の利く範囲にとどまるらしいのです。経験のアナロジーを利かせるためには、自分の経験を自分なりに解釈して理解することが必要となります。そのためにも人は多くの知恵を学び、経験を解釈するための頭の「引き出し」を増やす必要があるといえます。

やはりいくつになっても学び続ける姿勢はとても大切なのです。学ぶことを通じて、様々な経験が自分の血となり肉となって、人間性が深まっていくからです。

たとえば、彼女に振られたとしましょう。ひょっとしたら言葉で伝えられた別れの理由の奥底には、別の本当の理由があるかもしれません。こんな可能性はないでしょうか。

①あなたの経済力を不安視
②彼女のことを考えた行動、たとえば気の利いた誕生日の過ごし方などができていなかった
③よく待ち合わせに遅刻するとか、連絡をこまめに入れないとかの素行の問題
④あるいは仕事や勉強に対して努力をしないあなたに将来の成長性を感じられなかった

いろんな切り口で考えてみて、正しく自らの経験を解釈しなければ、それは次に活きてき

ません。そうしなければ次の恋愛でも同じことを繰り返してしまうでしょう。

実は先ほどの①～④の四つの理由は、キャプラン&ノートンの提唱する**バランス・スコアカード**の考え方を借用したものです。バランス・スコアカードは、企業の戦略や、その戦略の実行状況を総合的に測定する手法として開発されました。そこでは大きく「財務」「顧客」「社内ビジネス・プロセス」「学習と成長」という四つのバランスの取れた視点を大切にします。

バランス・スコアカードが恋愛にも役に立つかもしれないと思うとワクワクしてきませんか。

ワンテーマずつ追いかける

経営学は、ビジネスという側面からではあるものの、様々な現象に対する見方や解釈の切り口を豊富に提供してくれます。それらが、同じ過ちを繰り返さず新たなチャンスを発見するためのヒントになっているのです。

こういった経営学や他の学問や知恵をいっぺんに学ぶことは不可能です。自分の状況に合わせて一つ一つ、たとえば毎年「ワンテーマ」ずつ追いかけていってはどうでしょう。

私は、毎年テーマを決めて、その時々の悩みの解決に役立ちそうな勉強をするように心がけています。これまでのテーマ例としては「意思決定の科学」「国際マーケティング」「組織行動論」「資源ベースの戦略論」「臨床心理学」などがありました。最近は少し切り口を変えて、ある年は「戦国時代」、次の年は「リーダーシップ」、またその次の年は「歎異抄」などでした。今度は「明治維新」をテーマにしたいと考えています。


一見、非効率なようにも見えるやり方ですが、これもれっきとした問題解決の手法と言えないこともないのです。これはＴＯＣ（Theory of Constraints：制約条件の理論）と呼ばれる考え方に近いのです。

この理論のミソは、物事のボトルネックを見つけそれを一つずつ解決していくことにあります。一つのボトルネックを解決すると、次に必ず別なところにボトルネックが発生します。今度はそれをつぶしていくのです。ボトルネックは逃げ水のように逃げていきます。私たちはそれを「改善」という活動によって追いかけて解決していくのです。

先ほどの毎年「ワンテーマ」を持つということは、人生の中のボトルネックを一つ一つつぶしていく覚悟だともいえます。そうすることによって自分の中にいろんな知恵のストックを作ることができれば、五年、一〇年と経つうちに、そこから生まれる能力の差は歴然となってくるのではないでしょうか。

私はようやく四〇歳を過ぎるあたりになって「あ〜、世の中って完璧ではなく、こんな感じで動いているんだ」と、自分なりに世の中を解釈し、納得感を持って理解できるようになってきました（ひょっとしたら少し遅いのかもしれませんが……）。

ぜひ皆さんもテーマを持って学び続け、世の中を見る目をできるだけ早く養ってください。その分だけ、様々な経験がより自分の人生に活かされ、人としての深みを増すことができるはずです。

また勉強することの楽しさに、もう一度、気づくかもしれませんよ。

column

バランス・スコアカードとＴＯＣ（制約条件の理論）

バランス・スコアカードは、それまでの財務的指標を偏重する業績管理手法の欠点を

図1-5　バランス・スコアカードの4つの視点と因果関係

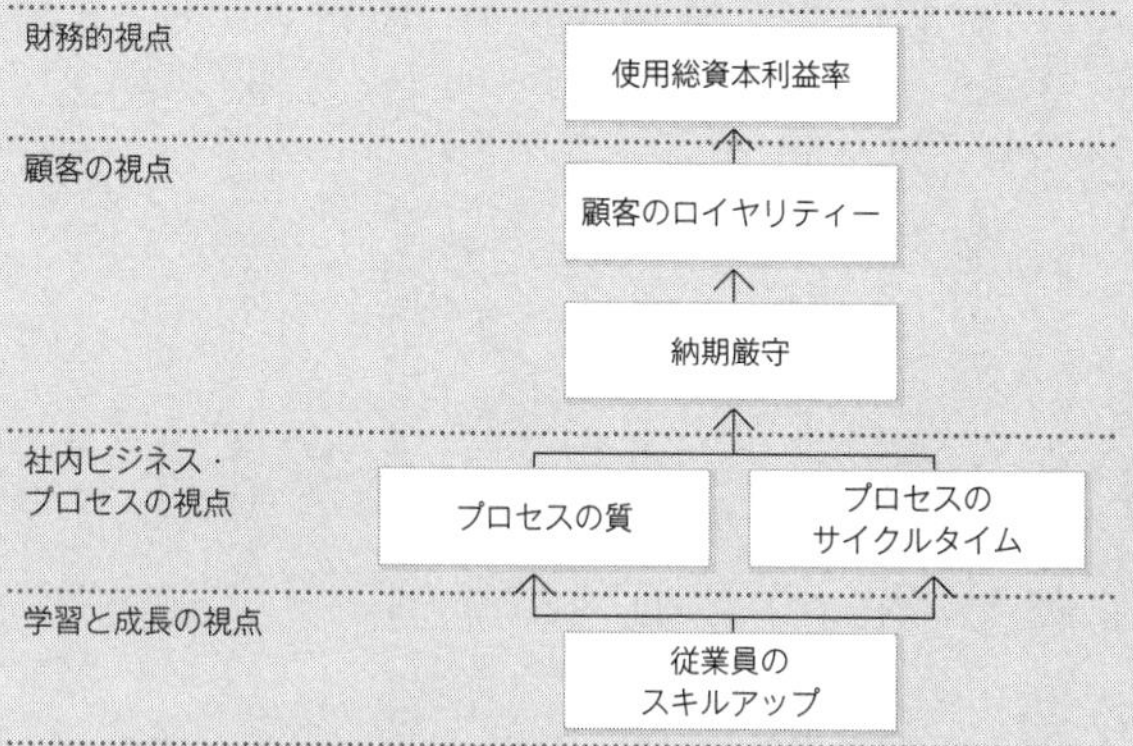

出所：『バランス・スコアカード』、p57

補うため、キャプラン&ノートンによって提唱された考え方です。「速度計、燃料計、高度計のいずれか一つにしか注目しないパイロットの操縦する飛行機には乗りたくないはずだ」というたとえ話を出し、バランスの取れたマネジメント・システムの必要性を強調しています。

　バランス・スコアカードでは、戦略やビジョンを四つの視点「財務」「顧客」「社内ビジネス・プロセス」「学習と成長」でとらえ、それらの因果関係を明確に示しています【図1－5】。

　また、それぞれの視点の中での目標や、その達成度合いを評価するKPI（Key Performance Indicator：業績管理指標）

を設定することによって、バランス・スコアカードは、企業活動ならびに戦略の「見える化」を実現していきます。この新しい多面的なマネジメント・システムは、組織に戦略が浸透することを助けると同時に、戦略を測定・評価することを可能とするものであると、彼らは主張しています。

ボトルネックの解消という観点では、『ザ・ゴール』が参考となります。

この『ザ・ゴール』という小説仕立ての経営書では、ＴＯＣ（制約条件の理論）が詳しく紹介されています。この理論は、そもそも生産管理やサプライマネジメント領域の理論であり、その基本的な概念は制約条件（ボトルネック）をいかに解消するかにあります。

『ザ・ゴール』の中では、ハイキングに行った子供たちの隊列が伸びてしまう現象をアナロジーとして挙げつつ、依存的事象（他の子供の速度の影響を受けること）と統計的変動（子供たちの速度のバラツキ）によって、工場の在庫増やスループットの増大、作業経費増加といった本質的課題に迫っています。そして、その解決方法としてドラム・バッファー・ロープ（Drum-Buffer-Rope）による同期化の手法を提示しています。さらに、これを継続的に回していく方法論についても詳しく述べており、そのステップはおおよそ次の通りとなります。

①制約条件を「見つける」
②制約条件をどう「活用する」かを決める
③他のすべてを「ステップ②」の決定に「従わせる」
④制約条件の能力を高める
⑤「ステップ①」に戻る

このステップを回していくうえでは、「何を変える」「何に変える」「どうやって変える」という基本的な論理思考が重要となってきます。つまり、ボトルネックの解消のためには現場でそれらの課題に直面するマネジャーの基本的な問題解決能力が必須となるのです。

「バランス」を取りながら「個別課題（ボトルネックになる要素）」を順次、地道に解決していくことは、企業にとっても個人にとっても、とても重要なことなのでしょう。

《参考文献》

ロバート・S・キャプラン、デビット・P・ノートン（吉川武男訳）『バランス・スコアカード』（生産性出版）
エリヤフ・ゴールドラット（三本木亮訳）『ザ・ゴール』（ダイヤモンド社）

第2章

自分の強みを見つめ直す

——競争優位、オーバーエクステンション戦略

1　他人に真似のできない「強み」を作る

POINT 自分らしさを決めるのは他人との違いです。これまでの自分の人生を否定して、「三日で変わる」といった考え方の中に答えはありません。これまでの人生の歴史こそが自分そのものなのですから、今の自分の中に「本当の強み」を求め、それを伸ばすことが重要となります。

「意味のある違い」を見つける

「自分らしい」ということはどういうことでしょうか。

私の好きな歌の一つにＳＭＡＰの「世界に一つだけの花」があります。この歌を聴くたびに、そこには「自分らしさ」を考えるためのキーワードがちりばめられていると感じます。以下、ポイントだけ挙げてみましょう。

- 「ナンバーワン」ではなく「オンリーワン」
- 「一人一人違う〝種〟を持つ。その花を咲かせることだけに一生懸命になればいい」

●「どうしてこうも比べたがる？（中略）一番になりたがる？」

会社の中に埋もれてしまわない、人生の中で何か価値を生み出していく、こういったことのためには「他の人と違う」ということが大事になります。必ずしも同じ土俵で、あるいは同じ基準でナンバーワンを目指さなくてもよいのです。世の中にいる人が全員同じでは、社会は成り立ちません。第一、全員同じだと気持ち悪いですよね。世の中には多様性が必要なのです。

でも「違いを出す」というと、とても大変なことに感じるかもしれません。しかし、ここで誤解してもらいたくないのは「違うこと」が大事なのであって、必ずしも「偉大」でなくてもよいということです。その「違い」とはどこから生まれてくるのでしょうか。

それはそれぞれの人の「過去」にあります。今のあなたはこれまでの人生の積み重ねに他なりません。その人生の積み重ねの中に「意味のある違い」を見つけることが出発点となるのです。意味のある違いとはどのようなものなのでしょうか。それには三つの満たすべき要件があります。

まず第一に価値があるかどうかです。その違いが会社や日常生活において、少しだけでも価値を持つかどうかです。それは、たとえばパワーポイントが得意、ロジカルシンキングが得意、週一冊本が読めるといったことでもよいでしょう。

二つ目はそれが希少かどうかです。会社のそばに住んでいて誰よりも長く働けるとか、世界三〇カ国を放浪した経験によって高い異文化理解力を持っている、などは他の多くの人が持ち得ない希少な強みになり得ます。

三つ目はこの価値と希少性が自分の中で複雑に絡み合い、ほかの人にはなかなか真似できないものになっているかどうかです。これは「**模倣困難性**」と呼ぶことができます**【図2－1】**。

持続可能な競争優位に

この模倣困難性はその人の「人格」にまで深くかかわっていくことで完成していきます。自分でもよくわからないけど「自分ってなんかこうなんだよね」と思えるところまで深く、統合的に「人格」として練り上げられていくと、それは他人にはなかなか真似できないものになっていきます。自分でもわからないものは他人も真似できないという理屈です。その場合、一部を真似されても決して怖くはありません。

図2−1　他人には真似できない自分の本当の強み

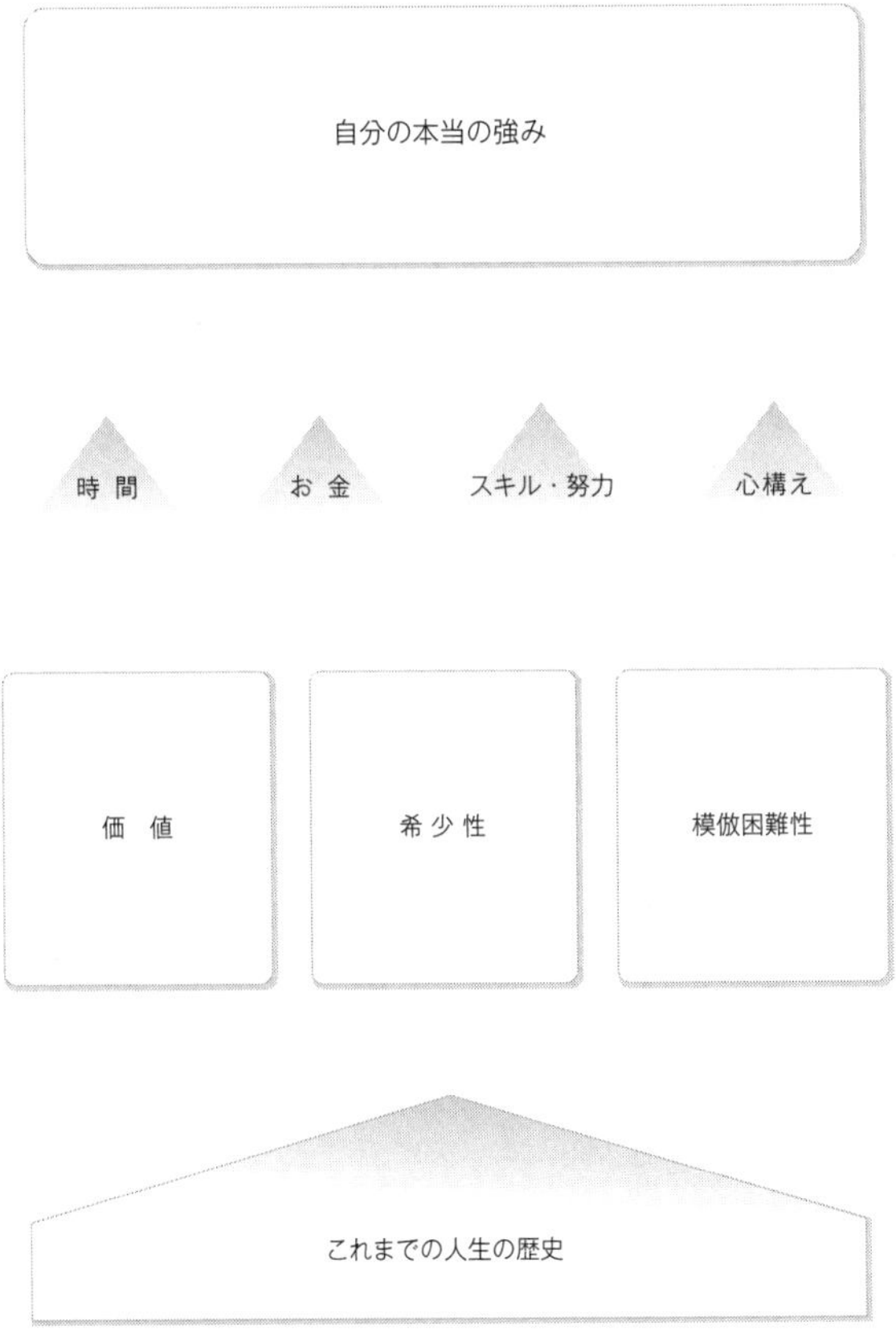

よくビジネスの世界で**競争優位**という言葉が使われます。それは企業が他社に対して強みを発揮し、成長していくための原動力になるものを指しています。企業の場合、先ほどの一番目と二番目の要件を満たしていれば、その企業固有の強みを一時的には発揮することができます。より大切なのは三番目の模倣困難性です。なぜなら、この要件を満たすことができれば「一時的」な競争優位が「持続的」な競争優位に変わるからです。

これまでの人生の歴史である「過去」を振り返り、自分の強みの「種」を自覚し、その「種」を大きくできるように一日一日を生きていくこと。それこそが、ちょうど雪ダルマが大きくなるように、自分の本当の強み、すなわち意味のある「違い」を大きくしていくことにつながるのです。ついつい弱みの克服へと目がいきがちですが、強みを伸ばすほうがより活き活きと生きられるようになります。そして、自分をもっと好きになれるはずです。

このように考えると「三日で変わる」とか「○○だけで成功する」という考え方に無理があることに気づくはずです。つまり過去を否定して、明日から見違えるように変わるといったことに現実味はないのです。

明日から皆さんがやらなければならないことは、その「違い」を大きくしていくための小さな第一歩です。照れくさいとは思いますが、自分の過去を「棚卸し」して、たとえば一〇個、自分の強みを書き出してみることを勧めます。

大切なことは、自分の中にある強みに気づくことなのです。

column

「意味のある違い」が競争優位を生む

経営学の中には、企業を経営資源の束として取り扱い、それ自体が企業の競争優位の源になるという考え方があり、RBV（Resource Based View：リソース・ベースト・ビュー）と呼ばれています。この考え方は、古くは一九五〇年代のE・ペンローズという学者の『会社成長の理論』という大著にまでさかのぼることができます。

本文で述べた「意味のある違い」の要件は、このRBVの第一人者であるジェイ・B・バーニーという経営学者のVRIOの枠組みに基づいています。Vは価値（Value）、Rは希少性（Rarity）、Iは模倣困難性（Inimitability）、Oは組織（Organization）をそれぞれ指しています。バーニーは、このVRIOの要件を満たす経営資源が企業に「持続的」競争優位をもたらすと主張しているのです。

この経営資源が企業の中で蓄積されていかなければならないと明確に指摘したのはディレックスとクールです（この論文はManagement Scienceという学術誌に1989年に発表されました）。彼らは、経営資源はストックであり、それを形成するためのフローが重要であるとし、企業の経路依存性（Path Dependence）、つまり日々どのような意思決定を積み重ねていくかが重要となると主張しています。

最近RBVは、どんな経営資源が大事かという〈静的〉な考え方から、どうやってそのような経営資源を作り上げていくかという〈動的（Dynamic）〉な考え方へと軸足を移しつつあります。

《参考文献》

ジェイ・B・バーニー（岡田正大訳）『企業戦略論（上）』（ダイヤモンド社）
G・ハメル、C・K・プラハラード（一條和生訳）『コア・コンピタンス経営』（日経ビジネス人文庫）

2　ちょっとだけ「背伸び」をし、新しい道を拓く

POINT　少しだけ余分に努力を続けることはやはり大切です。ただその「余分」は、他人に比べてではなく、自分の今の能力に比べて定義されるべきです。背伸びした努力の中にこそ、自分の成長と想定外のチャンスが潜んでいます。

自分の能力を少し超えたチャレンジ

昔からコツコツ努力をすべきだとよくいわれます。

ただそれだけで十分でしょうか？　私には半分そうで、半分そうではないような気がしています。きっとただ単に同じことを繰り返すだけの努力には意味がないからでしょう。なぜならそこには進化がないからです。大切なことは常に新たなチャレンジをしていくことにあるのではないでしょうか。新たなチャレンジは、必ず新たなチャンスも呼び込んでくれるものです。

日本の著名な経営学者である伊丹敬之氏は、有効な経営戦略として「**オーバーエクステンション戦略**」を企業に勧めています。つまりちょっとだけ自分の能力を超えたところにチャ

レンジし続けることによって、企業が元気になり、新たな市場機会をつかんでいくという主張です。その根幹には「自分に能力があるから『何か』を始めるのではなく、能力が十分でないからこそ、その『何か』をいま始めることによって能力を獲得していく」という考え方が存在しています。伊丹氏が主張していることの中には、個人のキャリア形成に対するいくつかの示唆が含まれていると私は感じています。たとえば、

①「無理はせよ。無茶はするな」――何でもかんでも無茶苦茶やればよいということではなく、ちゃんと今の能力とのシナジーが期待できる領域で努力をしていこう。

②「アンバランス」――安定的ではなく、ちょっと居心地が悪いくらいの苦労や問題がちょうどよい緊張感をもたらし、力を発揮する素地を作る。

③「ジグザグ」――いつも順風満帆で前へ進むことはない。停滞期もあれば成長期もある。あるいは停滞に気づくからこそ次なる成長があるのかもしれない。最初からそのようなダイナミズムを受け入れよう。

このような不安定なちょっとした「背伸び」の中には、新たな学習と新たな能力獲得の機

会が含まれています。それをものにするためには、実は二つの方向を意識しておいたほうが得策でしょう。一つは「Do Better」、もうひとつは「Do Different」です【図2－2】。

「Do Better」は「より良く」であり、効率化をもたらします。たとえば、手書きの年賀状をパソコンでつくるなどです。「Do Different」は「違うやり方」であり、通常新たな価値を生み出します。年賀状の例でいうと、今度は年賀状をやめてメールで新年の挨拶を送るなどに当たるかもしれません。それによって、動画や音など、今まで送れなかったものを送るという付加価値を生むことができるようになります。このような「より良く」「違ったやり方」を意識することによって、単にコツコツ努力を行う以上の何かを期待できるようになります。そこには新しい自分の発見といった副産物があるかもしれません。

想定外のメリットやチャンスを生むことも

また、ちょっとした「背伸び」は、想定外のメリットやチャンスをもたらしてくれる場合があります。あるメーカーの工場でのお話を紹介します。

その工場は、そもそもの立地条件の悪さから敷地の面積が非常に限られていました。受注が増えても生産設備を拡大することができない、そんな状況に直面していたのです。そこで、

図2-2 「Do Better」と「Do Different」

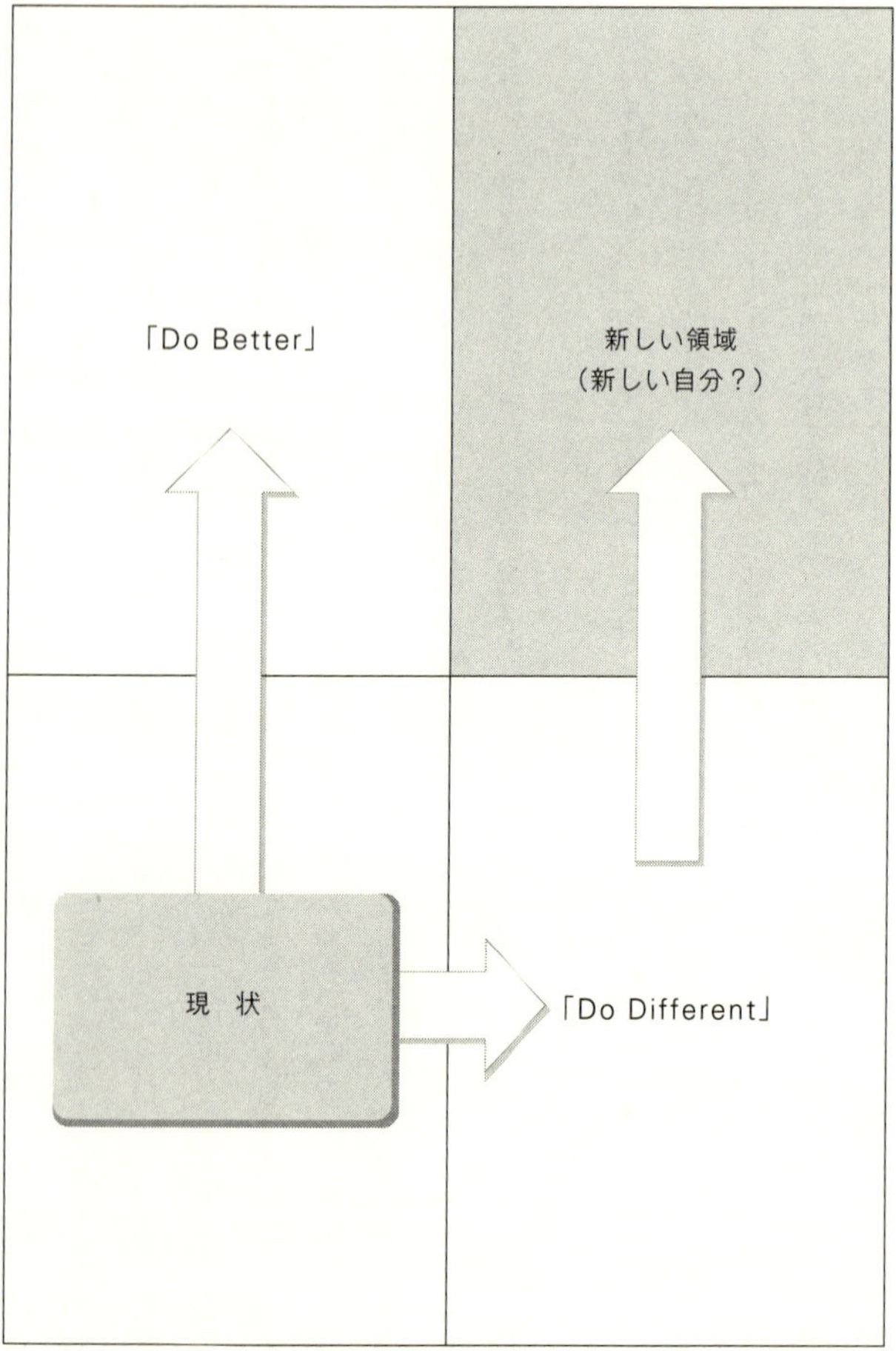

工場で働く人は様々な工夫を行い、生産設備の小型化というイノベーションをどんどん生み出していきました。結果、非常にコンパクトな生産設備が出来上がり、生産量も拡大、稼働率が大きく向上するという結果をもたらしました。

さらに小型化が進んだことで省エネ化が進み、コスト削減につながるとともに、CO_2排出も少ない環境にやさしい工場へと進化していきました。その結果、この工場で作られる商品は環境にやさしい商品として営業面でもプラスの効果をもたらすことになりました。

この事例は、不利な条件を克服する努力によって想定外のメリットや新たなチャンスが生まれてきた良い例といえるでしょう。

企業にとっても個人にとっても、困難や苦労、試練は決してマイナスにだけ働くわけではありません。それにどう立ち向かうかによって大きなプラスにもなり得るのです。大変な状況にあっては、ついそのことを忘れて暗くなりがちですが、いま一度、試練こそ未来へのチャンス（飛躍へのチャンス、成長のチャンス、「枠」を広げるチャンス）であることを思い出してください。

ちょっとだけ「背伸び」した努力を続けていけば、きっと道は拓けていくと思います。

column

無理はしても無茶はしない「オーバーエクステンション戦略」

一九八〇年代、日本で最も売れた経営戦略書の一つに、当時一橋大学で教鞭をとっていた伊丹敬之氏の『経営戦略の論理』（日本経済新聞社）があります。この本は、日本企業の行動を丹念に整理することから経営戦略の枠組みを構築しているのが特徴です。現在では、最新事例もふんだんに取り入れた第4版が出版されています。

本書の中で、鍵となるコンセプトは「見えざる資産」です。見えざる資産は情報的経営資源ということができ、企業の競争優位の源泉になる可能性が高いといえます。なぜなら、見えざる資産は、①金を出しても買えないことが多い、②作るのに時間がかかる、③複数の製品や分野で同時多重利用ができる、という三つの特徴をもっているからです。

本文中の「オーバーエクステンション戦略」は、この見えざる資産を少し超えた努力が新たな見えざる資産の蓄積を生み、それが企業成長や経営成果につながるという論理に基づいています。

また、企業が成長するにあたっては、大きく四つの「経済」が働いており、それらによって企業行動が説明できるとしています。

①規模の経済　→　生産規模の拡大
②深さの経済　→　経験・知識の蓄積の拡大と能力ベースの拡大
③範囲の経済　→　製品のフルライン化や事業の多角化
④組織の経済　→　工程の垂直統合による企業拡大

経営戦略は複雑であり、かつ総合的なものです。それゆえ様々な要素を考えなければならず発散的になりがちです。伊丹氏は、それを防ぐためには次の七つのキーワードが有効としています。それは、①差別化、②集中、③タイミング、④波及効果、⑤組織の勢い、⑥アンバランス、⑦組み合わせの妙、です。

《参考文献》

伊丹敬之『経営戦略の論理　第4版』（日本経済新聞出版社）
伊丹敬之、軽部大編著『見えざる資産の戦略と論理』（日本経済新聞社）

3 「時間は資源」スピードアップを実現する

POINT 時間は皆に等しく与えられた貴重な資源です。その時間をどう活用するかで人生の効率は大きく左右されます。時間有効活用の鍵はいかに「スピード」を上げるかです。細切れの時間も最大活用することを心掛けましょう。

時間は限られている

なぜ、企業は「戦略」を考えなければならないのでしょうか。

その一番の理由は「資源」に限りがあるからです。資源に限りがあるから、それをいかに有効に活用すべきかを考える必要性が出てくるのです。それが戦略です。個人の場合はどうでしょう。そもそもみんな誰もが持っている大切な資源とは何でしょうか。

私は「時間」こそが最も大切な資源だと思っています。

一日は誰にとっても二四時間であり、それをどう使うかは一〇〇％自分の意思に任されています。しかしよくよく自分の時間の使い方を振り返ってみると非効率の存在に気づくものです。必ずしもリラックスしているわけでもないボーッとした時間、何かを待っている時間、何かをやり直す時間、結構ムダは多いものです。

もちろん企業経営においても「時間」という視点は大きな意味を持ってきています。たとえば、最近一〇分程度で髪を安く切ってくれるお店が増えてきました。QBハウスはその先駆けともいえる企業ですが、彼らは自分たちを時間産業だと位置づけています。そもそもの出発点は、理髪店の付加価値を時間という視点で振り返ってみたことでした。

理髪店の本当の価値は髪が短くなるということであり、シャンプーやブローの価値は一日で消えてしまいます。そう考えると一般的に理髪店にいる一時間程度のうち、本当に価値を生んでいるのは髪を切っている一〇分程度の時間だと彼らは気づいたのです。QBハウスは「時間」を考えることでビジネスを生み出し、事業を拡大していきました。

私が勤めていたデルでも時間はとても意識されていました。その表れとして、社内ではよく「ドッグイヤー」「デロシティー」といった言葉が使われていました。「ドッグイヤー」とは、犬の一年は人間の七～八年に当たることを指して、デルでの一年は通常の企業の数年分に当たるということを示唆していました。「デロシティー」は、「デル」と「ベロシティー（速度）」をもじった造語です。

このように「時間」は企業の競争優位とも大きく関連しているのです。九〇年代にはビジネス・プロセス・リエンジニアリングという経営手法が大流行し、多くの企業がＩＴ技術を使って業務のプロセスを見直し、三日でやっていたことを一五分で済ますことによって競争力を高めようとしたものです。

では個人が「時間」を有効に活用するためには何を心掛ければよいのでしょうか。私はその答えが「スピード」にあると思っています。スピードを上げる努力が多くのことを解決してくれると私は実感しています。

スピードを上げること、これ自体にはいろんなメリットがあります。

まず第一に、「スピードを上げる」という目標だけなら単純で意識しやすく、忘れることはないということです。これなら三日坊主にも取り組めるのではないでしょうか。

次にスピードを上げようとすることで、何をすべきか、何をやめるべきかを考えざるを得なくなり、より物事の本質に迫れるようになります。スピードを上げようとすることが、実は枝葉末節を離れ、「幹」に焦点を当てざるを得なくなる状況に自分を追い込んでくれるのです。

これらによって二四時間しかない時間の質そのものが上がることになります。結果的に余分な時間（資源）を生み出すことにもつながりますし、また時には、早い者勝ちという恩恵にあずかれることもあります。

このようにスピードを上げることは、皆が等しく持っている「時間」という資源の有効活用につながるのです。そのスピードはちょっとした工夫で上げることができます。ここでは私が普段、心掛けている小さな工夫をいくつか紹介しておきましょう。

①アウトプットを意識する

まずは常に何かをアウトプットすることを目的にしながら、インプットすることです。そうすることで、おのずと優先順位が明確となり、情報収集・整理の効率が格段に向上します。余計な雑音に惑わされることなく、目的のための情報収集・整理ができ検討の効率が上がり、スピードアップにつながります（実はこれは、仮説を持って物事を考えるという仮説思考に通じるものです）。アウトプットの形は何でもよいのです。報告書にする、まとめのメモを作成する、友達に話す、蘊蓄《うんちく》を語る、どんな形であれ目的をはっきりさせて行動すれば、それは必ずプラスになります。

写真1　ふせんにタスクをバッチ化

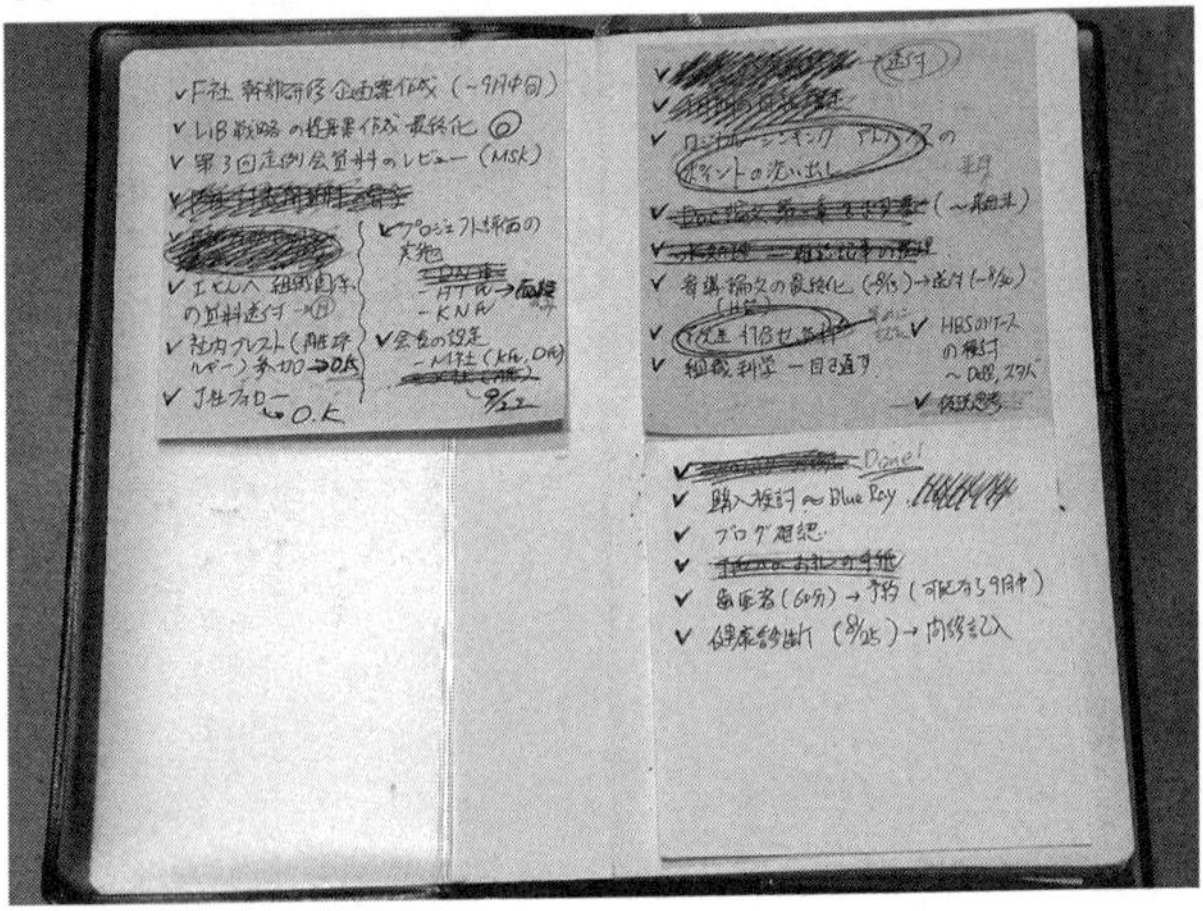

②ふせんにタスクをバッチ化

私の手帳には「To Do」リストを記入した何色かのふせんが常にはられています。たとえば黄色は仕事、水色はプライベート、ピンクは勉強といった具合です。このように「To Do」を手元に見える化することによって、三〇分でも一時間でも時間が空いた時、そのどれかを少しだけでも前へ進めることを意識できるようになるのです【写真1】。

人間はなかなか同時に二つ以上のことを考えることはできません。このやり方は並列処理（複数のことに同時に対応していくこと）ではなくバッチ処理（ひとつずつ順番をつけて物事を解決していくこと）のアプローチといえるでしょう。つまりバッチ処理によって、細切れの時間を最大活用し、無駄な時間を極力減らしスピードアップを実現していくのです。

③仕掛かり品を作る

最後は仕掛かり品を作ることを恐れないことです。つまり、完成まで至らず途中でやめてしまうことがあってもよいのです。全くゼロから新しいことに取りかかる時より途中までやったことの続きを始める時のほうが、心理的バリアは低いものです。仕掛かり品を多く抱えることによって、行動を始めるまでの悶々と逡巡する時間を減らすことができます。それは結果的にスピードアップにつながるはずです。

また、その仕掛かり品が「考えること」の仕掛かり品の場合だと、うまくいくと眠っている間にも考えが熟成するというメリットを期待できるかもしれません。

人生の時間を最大限に活用するために睡眠時間を削るという人もいますが、それは持続的な解決策になるとは思えません。ぜひ「時間」の質を向上させて、「自分の本当の強み」を伸ばしていきませんか。そのキーワードは「スピード」です。

column

タイムベース競争とBPR

ボストンコンサルティンググループ（BCG）は、一九九〇年代前後に「タイムベース競争」というコンセプトを提唱し、同名の書籍も刊行しました。基本的には競争優位の源泉を時間優位に求める考え方です。時代の変遷とともに、企業の優位性は、経験曲線（累積生産量が二倍になるとコストが二〇～三〇％下がるという経験則）に基づくコスト優位性から品質優位性へと移行しました。その後、多品種少量生産やフレキシビリティーの提供が重要となり、最後に時間優位性をベースとする競争優位が重要になったと、その本では主張されています。

この中では、ふだんよく耳にするPDCAとは異なるサイクルが提示されています。それはOODAサイクルと呼ばれ、O（Observation：観察）、O（Orientation：情勢判断）、D（Decision：意思決定）、A（Action：行動）から成ります。このOODAサイクルこそが企業の迅速な意思決定を可能とするサイクルであると言うのです。

タイムベース競争は、結果的にはあまりはやらなかったように思います。その理由は、大事な示唆はあったものの、たとえば0・05～5の法則（価値を生んでいる時間は、全体の０・05％〜５％程度に過ぎない）、４分の１と２と20の法則（作業時間の４分の１は減らせる。結果、生産性は２倍、コストは20％減少する）〈水越豊『ＢＣＧ戦略コンセプト』（ダイヤモンド社）２１２ページ〉といったネーミングが直観的にわかりにくかったからではないかと思います。

一方、同じような考え方で、ＩＴの活用も含めた「ビジネス・プロセス・リエンジニアリング（ＢＰＲ）」というコンセプトは、ビジネスの世界で定着した感があります。ＢＰＲでは、企業の中のコア・プロセスを特定し、その現状をしっかり把握したうえで本来あるべきプロセスをゼロベースで描き直すアプローチを取ります。キーワードは、「根本的」「抜本的」「劇的」「プロセス」でした。

組織構造の観点からは、「機能別・垂直組織」から「プロセス型・水平組織」への変革の重要性がうたわれ、その頃からフラット組織の重要性が盛んに議論されるようになりました（ただ、単にフラット化すればいいという議論は要注意ですが……）。

「タイムベース競争」も「ＢＰＲ」のいずれも、戦略の〈ＷＨＡＴ〉ではなく〈ＨＯＷ〉の部分に焦点を当てたコンセプトといえます。ポーターを中心とするポジシヨニング学派とは対照的に、企業の内的側面に光を当てたという意味において、前節のRBVと同様、意義深いといえるかもしれません。

《参考文献》
ボストンコンサルティンググループ（堀紘一監修）『タイムベース競争』（プレジデント社）
M・ハマー、J・チャンピー（野中郁次郎監訳）『リエンジニアリング革命』（日経ビジネス人文庫）

4 周囲の変化に敏感になることが成長のきっかけに

POINT 能力は発揮されてこそ価値を生みます。そしてその価値の有無を判断するのは自分ではなく他人です。周りの人の変化に敏感になり、「自分」と「相手」の「間」の存在を意識しましょう。その「間」をよりよく設計することが自分の価値を高めることにつながります。

自分と相手の関係で能力は判断される

物理学を勉強していた私は、「世の中の真理」が自分や人間とは関係のないどこかに存在すると感じていました。人間がいようがいまいが、文明がどうなろうが、それとは関係のない次元で絶対的な真理が存在し、それを理解することが何にもまして大切なような気がしていたのです。私にとって、大切なものは「対象そのもの」の中に潜んでいました。

ビジネスの世界に転向して文系の発想をだんだん理解するにつれ、少し違う見方ができるようになってきました。どうやら文系の発想は「間」に真理を見つけようとしているようなのです。自分とか相手といった「対象そのもの」の中に真理があるのではなく、「自分」と「対象」の「間」にこそ真理が潜んでいる。これは私にとっては大きなパラダイム転換でした。「間」にこそ意味がある。こう考えると、自分というものの中にある「能力」についても違った見方ができるようになってきます。

「能力」があるかないか、これはどのように判断できるのでしょうか?

極端な言い方をすると、能力があるかないかは、外から「価値」として認められるかどうかにかかっているといえるでしょう。「自分」と「相手」との関係性、つまり「間」が、自分の能力の意味を規定してしまうのです。自分には能力があると強がっても、周りから認められなければ、それはないに等しいということになってしまいます。

つまり、力を発揮するためには、①能力を高めることと、②それを認めてもらうことの両方が必要になってくるのです。①に関してはすでにいくつかのポイントについて語ってきました。②についてはどうすればよいのでしょうか。

一番大切なことは周りの変化に敏感になることです。外が変われば「間」の意味も変わります。「間」が変われば能力の判断基準も変わるのです。

つまり価値を出すには、外である「相手」の変化を敏感に感じとることが必要となるのです。相手は上司であり、彼氏であり友人かもしれません。その人たちの価値判断の基準をしっかりと捕捉し続けることは価値発揮の必要条件となります。また、大事な相手そのものが時とともに変わっていくこともあります。それを見逃さないことはさらに大切だといえるでしょう。

企業もよくこの「相手」(この場合は顧客)の変化に取り残されるという過ちを犯します。

その最たる事例は**イノベーションのジレンマ**です。クレイトン・クリステンセンというハーバード大学の教授は、ハード・ディスク・ドライブ(HDD)の事例でこのイノベーションのジレンマをわかりやすく説明しています。

メインフレーム・コンピューター会社にＨＤＤを納入するＨＤＤメーカーはＨＤＤを小型化しませんでした。なぜならメインフレーム・コンピューターは十分大きく、顧客がＨＤＤの小型化という「価値」を求めなかったからです。やがてＰＣをはじめとするミニ・コンピューター市場が次第に大きく成長してくると、ＨＤＤの小型化が重要となってきます。しかし、旧来からのＨＤＤメーカーは、自分たちの今の主要顧客であるメインフレーム・コンピューター会社の声を聞き続け、ＨＤＤの小型化対応をしませんでした。そして市場が大きく変化したあと、最終的には新興メーカーに追われ、市場から退出してしまったのです。

旧来からのＨＤＤメーカーは「大事な主要顧客の声をきちんと聞く」という理にかなった行動を取っていたがために、最終的には競争力を失うという「ジレンマ」に直面することになってしまったのです。

「間」に新たな価値を生み出す

また「間」に新しい価値を探していく努力も大きな意味を持ちます。以前、建設機械メーカーのコマツの経営者の方に次のような話を聞いたことがあります。

コマツは自社の建設機械が世界中のどこでどのように稼働しているかをリアルタイムで見

ることのできる「コムトラックス」という仕組みを持っています。この仕組みによってメンテナンスなどのアフターサービスや盗難防止など、顧客にとっての大きな価値を生み出してきました。

この仕組みが思わぬ新しい「価値」を生むことになったそうです。それは南米の鉱山での話です。鉱山で使われる車両のタイヤは大きく高価なため、タイヤ交換にはかなりの費用がかかっていました。そこで「コムトラックス」を用いて、その鉱山で使われている車両の走り方を分析しました。その結果、タイヤの減り方の少ない運行軌跡がわかったのです。それによってタイヤ交換の頻度が下がり、大きなコスト削減ができたそうです。

これは本来「コムトラックス」に期待されていた「価値」ではありませんでした。「自分（コマツ）」と「相手（鉱山の建機を使う会社）」の「間」を見つめることで、新たな価値を生み出せた事例といえるでしょう。

新たな価値を生み出すという観点からは、**ブルーオーシャン戦略**というコンセプトが注目されてきました。これは競争自体を無意味にする未開拓の市場（ブルーオーシャン）を自分と相手との「間」に生み出そうとする戦略です。ここでは競争ではなく新たな価値の創造（バリュー・イノベーション）が鍵となっています。

あなたの「あるべき姿」を達成するうえで大切な相手とは誰でしょうか？　身近な上司かもしれませんし、ひょっとしたら顧客企業の社長かもしれません。あるいは学会に来る偉い先生の場合もあるでしょう。そして、その大切な相手はどのような価値判断基準を持っているのでしょうか。「間」を意識するということは、相手の価値判断基準を理解しようとすることが第一歩となります。少し立ち止まって考えてみてはどうでしょう。

ただ誤解してもらいたくないのは、単に相手にこびへつらえばよいと言っているわけではないということです。大切なのは自分の能力と相手の価値判断基準を理解し、その「間」をうまく設計する意思を持つべきだということです。そうすることによって自分も相手も、世の中もより良くなるのなら、それでよいのではないでしょうか。

ちなみに最近の物理学では、人間が存在し、宇宙を「観測」するからこそ宇宙の存在自体に意味が生まれてくるのだという「人間原理」が議論されています。観測という自分と外との「間」を見つめる行為にこそ意味があるのだと、物理学の世界でも考えるようになってきたのです。ご参考まで。

column

イノベーションのジレンマとブルーオーシャン戦略

破壊的イノベーションは既存の技術をより良くする方向に働くのではなく、全く新しい価値判断基準を市場にもたらすイノベーションのことです。しかし皮肉なことに、その破壊的イノベーションが作り出す新製品は低価格、シンプル、使い勝手がよいといった特徴を持つものの、その時代の主要顧客の重要なニーズを既存製品以上に満たすことはありません（既存製品のほうが完成度が高いから当然です）。

しかし、破壊的技術の進歩のスピードは既存技術の進歩より速いです。そしてある日、破壊的技術が主要顧客ニーズのハードルを越えたとき、突然、既存の技術にとって代わるのです。このようなダイナミズムの中、主要顧客の声を真摯に聞き続ける既存企業は衰退し、新興企業の勃興が起こることになります【図2－3】。

こうならないためにも、既存企業は新たな破壊的イノベーションの芽を見つけた場合、「小さな組織で始める」「本社から遠く離れたところで育てる」といった対応策を取っておくことが重要となります。主要顧客の声だけを聞き、ロジカルに正しい判断をするだけでは不十分なのです。

図2-3　イノベーションのジレンマ

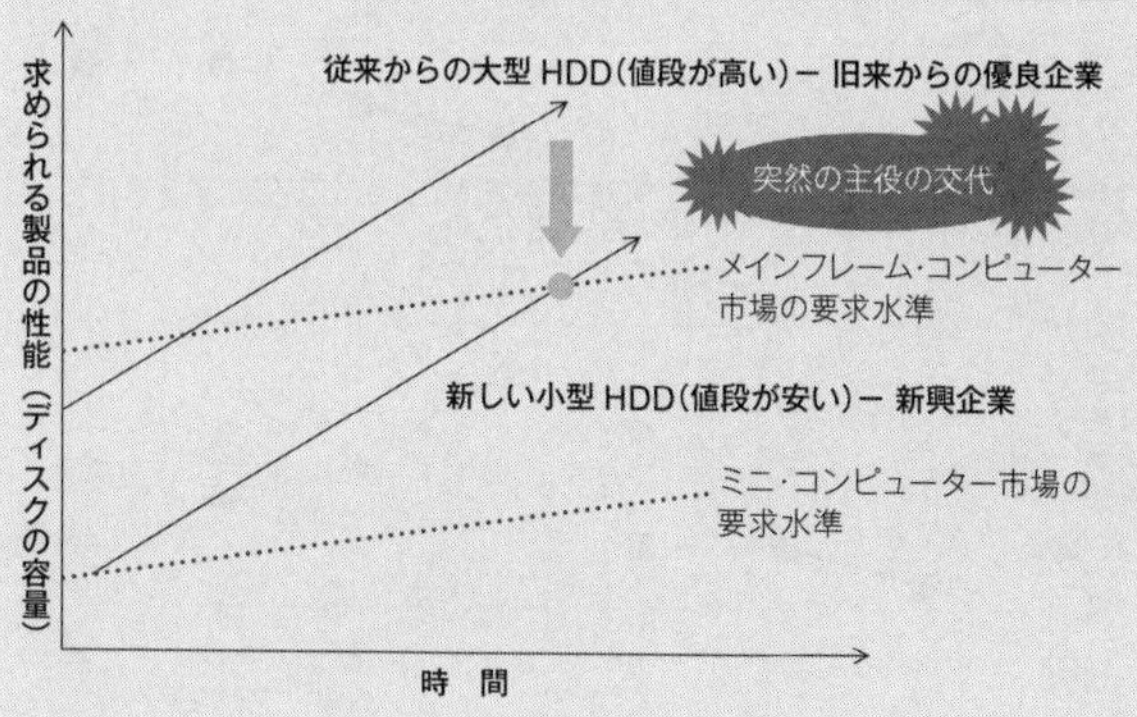

出所：『イノベーションのジレンマ』、p10、45をもとに作成

クリステンセンの著書『イノベーションのジレンマ』のカバーに書いてある「偉大な企業はすべてを正しく行うが故に失敗する」という言葉の示唆は深いものがあります。そこには顧客の変化と自分の能力の変化を見据え、柔軟に対応していくことの重要性がうかがえます。

技術（シーズ）の観点からのイノベーションのジレンマという議論とは対照的に、ブルーオーシャン戦略の考え方は、市場での価値（ニーズ）の観点からの考え方です。ここでいう市場とは競争環境の厳しい既存市場（レッドオーシャン）ではなく、未開拓の市場（ブルーオーシャン）です。ブ

図2-4　QBハウスの戦略キャンバス

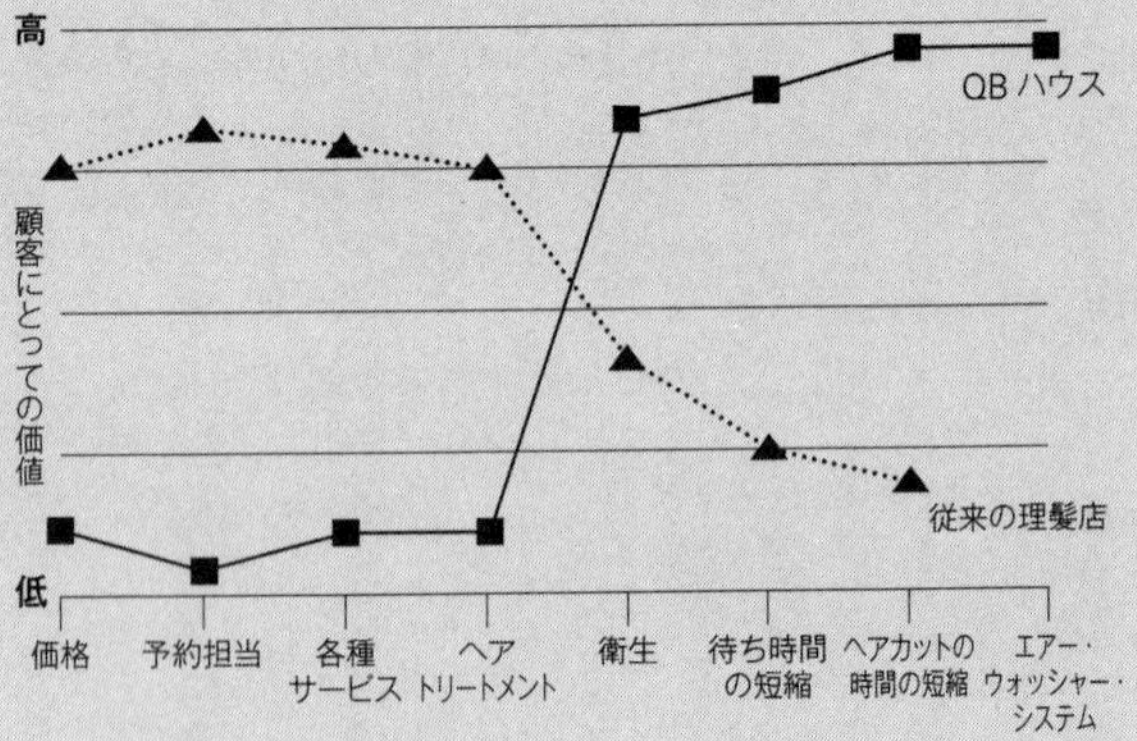

出所：『ブルー・オーシャン戦略』、p103をもとに作成

ルーオーシャン戦略は、業界の常識を「減らす」「取り除く」「増やす」「付け加える」の四つのアクションによってとらえ直し、新たな戦略キャンバス(strategy canvas)を描くことによって新たな市場を生み出していくことを主眼としています。

前述した一〇分程度で散髪を行う日本のQBハウスもW・チャン・キム&レネ・モボルニュの『ブルー・オーシャン戦略』の中で事例として紹介されています。QBハウスは、余計な要素を取り入れた理髪店業界を機能志向で戦略キャンバスを描き換えることによって成功したと評価されているのです【図2―4】。

《参考文献》

クレイトン・クリステンセン（玉田俊平太監修／伊豆原弓訳）『イノベーションのジレンマ』（翔泳社）
W・チャン・キム、レネ・モボルニュ（入山章栄監訳／有賀裕子訳）『ブルー・オーシャン戦略』（ダイヤモンド社）

第3章 戦略的に道を切り拓き、競争に勝つ

——競争戦略、オープンイノベーション

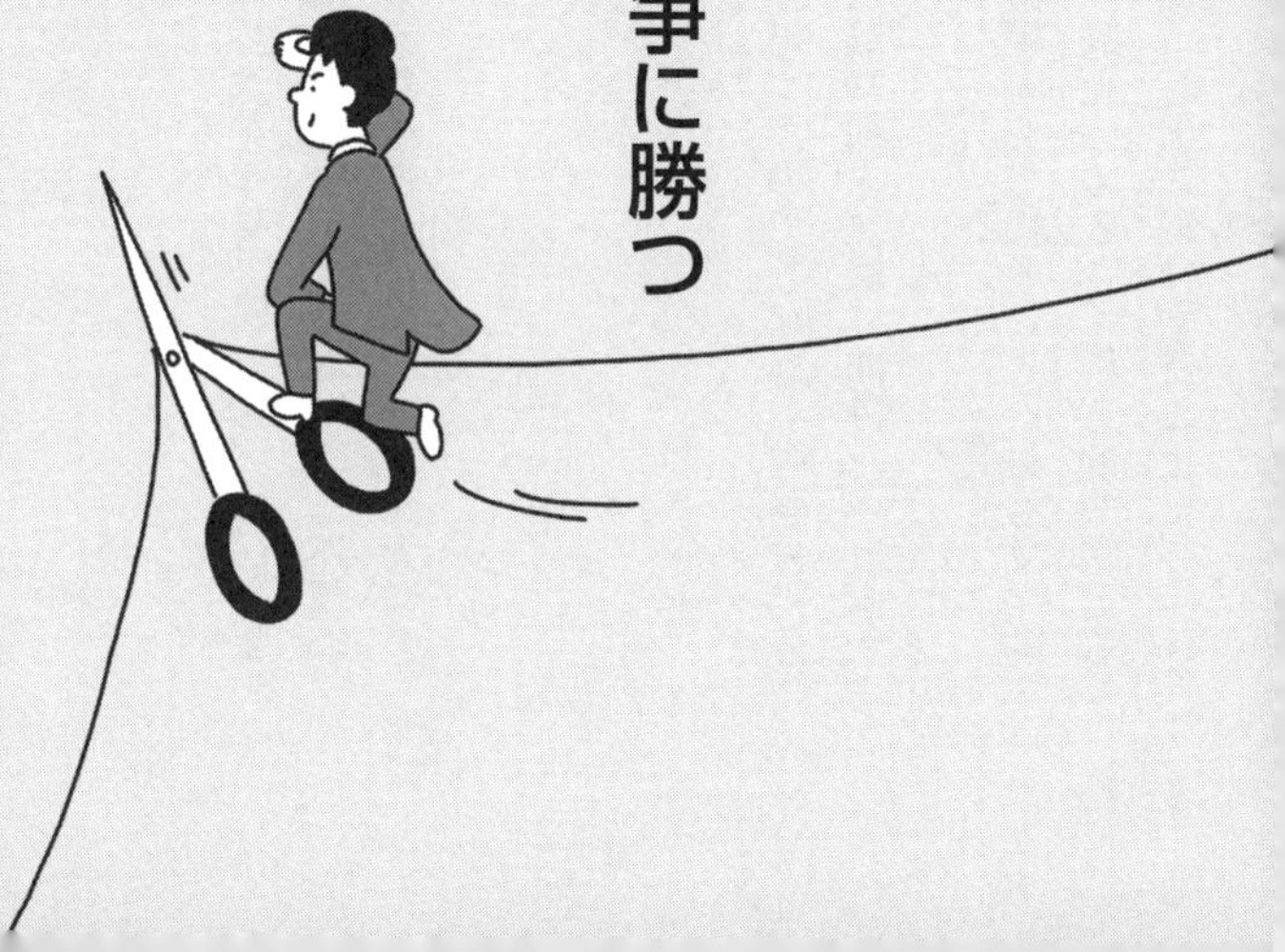

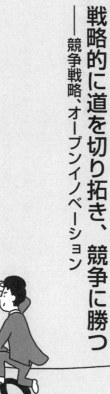

1　計画に「創発・変革」を組み合わせる

POINT

「計画」は目的完遂のための必要条件です。目的完遂のためには、①八〇／二〇（エイティー・トゥエンティー）を駆使して効率を高める、②「慣れたこと」と「不慣れなこと」のバランスを取り「シナジー」を活かす、③偶然を必然へと変える、ことが大切となります。

計画を立て目的にフォーカス

私は中学生の頃から結構、計画魔でした。

田舎の小学校から街の私立の中高一貫校に行ったのが新鮮だったのでしょう。勉強も半分はゲーム感覚で楽しみながらやっていました。そして中間試験や期末試験に向けた「計画」を立てるのが結構好きでした。

今から試験の日まで、どの科目をどう組み合わせながら復習をしていくことが最も効果的なのかを考えながらプランするのです。各科目の難易度、試験範囲の広さ、得意度や覚えるもの・考えるものなどを考慮して、バランスよく順序と資源（時間）配分することを心掛けていました。時には計画だけに一日、二日費やしたこともあります。ただその効果はテキ面でした。

就職してからも仕事の「ワークプラン」を作ったり、旅行の「計画」を立てたり、TOEFLの点を取るための「計画」を立てたりと私の計画魔は今でも続いています。

この「計画」するという行為は、きっちり行うと大きなインパクトがあります。

まず計画を立てようとすると目的を明確に意識せざるを得なくなります。たとえば、テストで平均点を最大化する、見て回れる観光地を最多化する、などです。そうすると今度は、その目的達成のためには、**八〇／二〇**（エイティー・トゥエンティー）を考えざるを得なくなるのです。八〇／二〇とは、八割の成果は最初の二割の努力で達成でき、残り二割の成果を生むためにはさらにプラス八割の努力をしなければならなくなるという経験則です【**図３－１**】。つまり無駄を省き、最も効果的かつ効率的に目的を達成するためには大事なことにフォーカスするという八〇／二〇がとても大切になるのです。

このように「計画」を立てることは、目的完遂のための第一歩だといえます。

経営戦略論の世界での最初の試みも「計画」でした。一九六五年に出版されたアンゾフの『企業戦略論』では、戦略は目的達成の手段・計画と位置づけられ、その策定プロセスにつ

図3-1　80／20のイメージ図

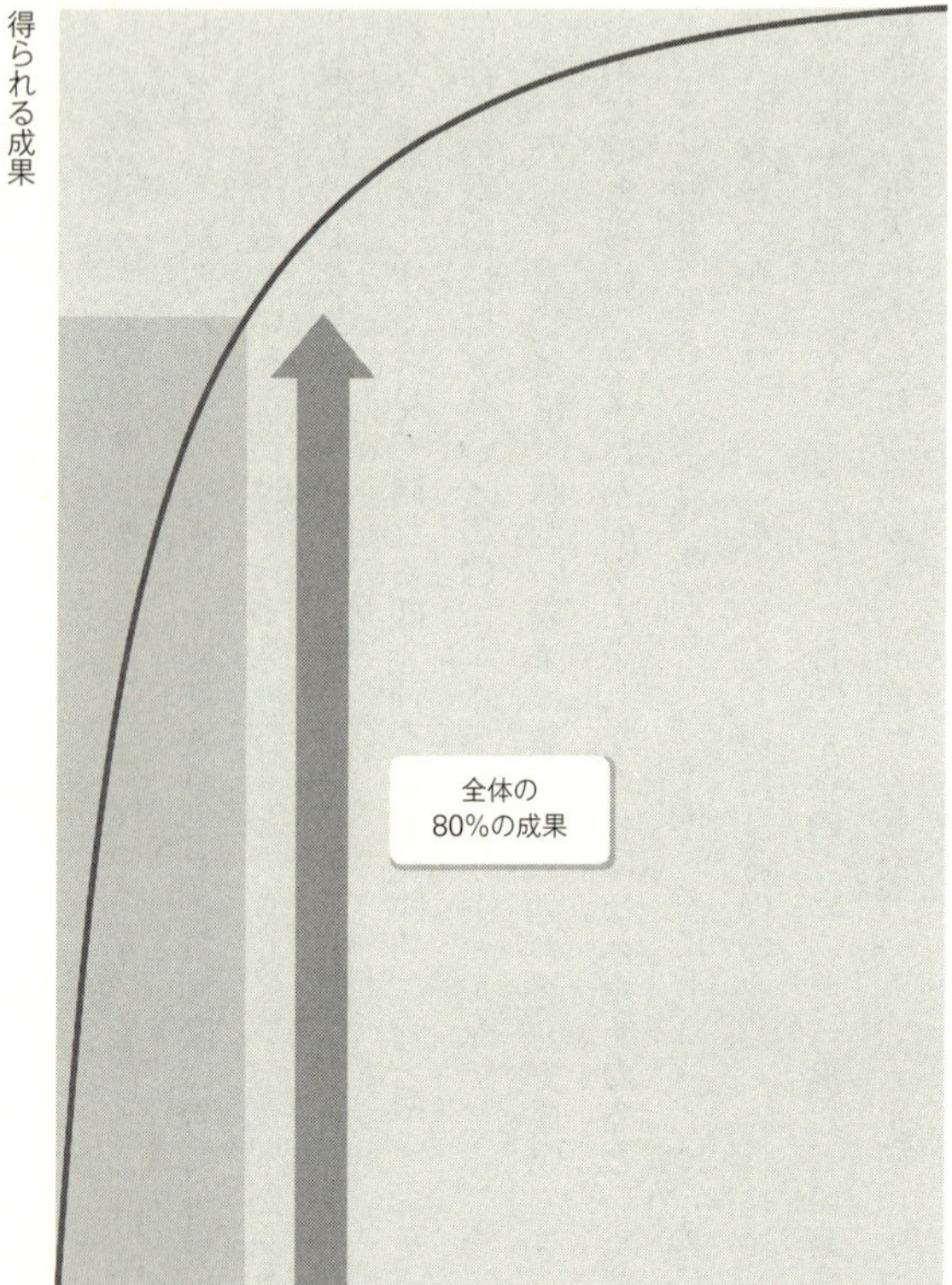

いて詳細な整理がなされています。アンゾフの洞察は、「計画」のもう一つの重要なポイントもハイライトしています。それは「シナジー」です。日本語では相乗効果といわれるものです。つまり計画の段階で、目的に近づくためにどんなシナジーを活用していこうかと考える姿勢を持つことです。

企業でも個人でも、何もかもすべてが初めての場合は戸惑いがあるはずです。対象相手が同じ、あるいは活かせる強みが同じ、といったふうに何か一つでも共通点があると先ほどの八〇／二〇がより活きてくることになります。たとえば、「微積分の勉強をしてから物理の勉強をする」「製品の品質を上げてから新規顧客にアタックする」ほうがより良い結果が得られる可能性は高くなるはずです。

食器メーカーのノリタケは、このシナジーをうまく活用しながら成長してきました。陶磁器を作る技術、つまりセラミックに関する技術をテコに工業機材事業や電子事業といった新しい事業を成功裡に立ち上げることができたのです**【図３－２】**。

皆さんが新しいことにチャレンジしていこうという場合、「慣れたこと（シナジーが効くところ）」と「不慣れなこと（新しい領域）」を半分程度ずつ取り入れながら、計画し、実行していくことをお勧めします。そのほうが、結果的には、より大きな目標を達成することに

図3-2　ノリタケの事業展開

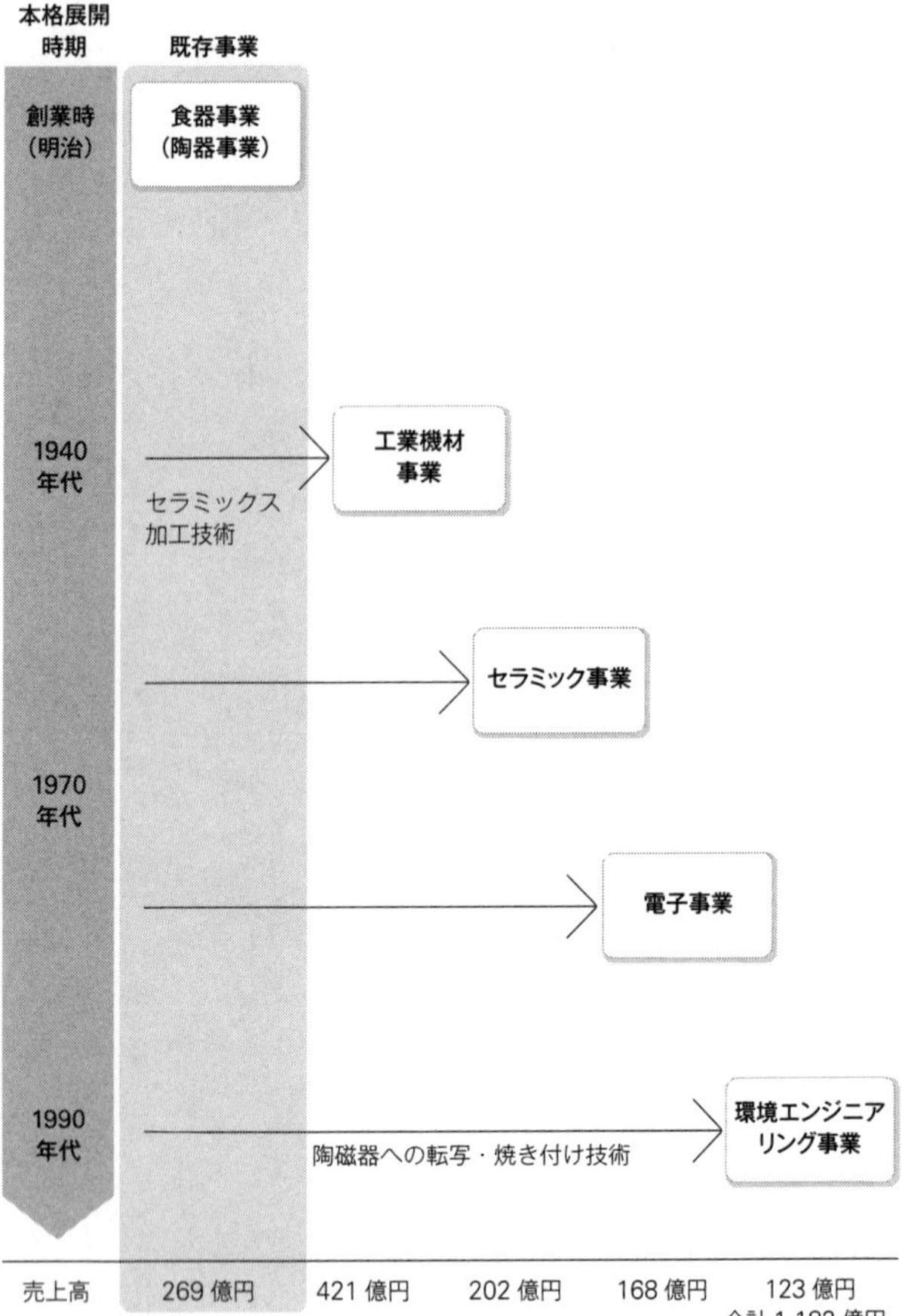

売上高	269 億円	421 億円	202 億円	168 億円	123 億円 合計 1,182 億円

つながっていくはずだからです。

ちなみに私が仕事やプライベートを計画する際、気をつけているポイントをいくつか紹介しておきます。多少は参考になるかもしれません。

①一カ月～数カ月単位の計画を必要に応じて随時作成し、計画の柔軟性を担保する
②必ず一枚の紙の中に収め、持ち歩き、いつでも全体像を把握できるようにしておく
③横軸は一日単位にし、いつまでに、何を、どうするかを明確にする
④縦軸には「やるべきこと」を列挙し、それに対する資源（時間）配分・調整を一目瞭然にする
⑤終わったことや過ぎた日にちは塗りつぶし、進捗を管理する
⑥どうしてもうまくいかなくなった場合には、再度ゼロベースで計画を作成する

ちなみに**【写真2】**は最近の私の計画表です。まだ当面はなんとか予定通りに物事を進められそうです。

写真2　最近の私の計画表

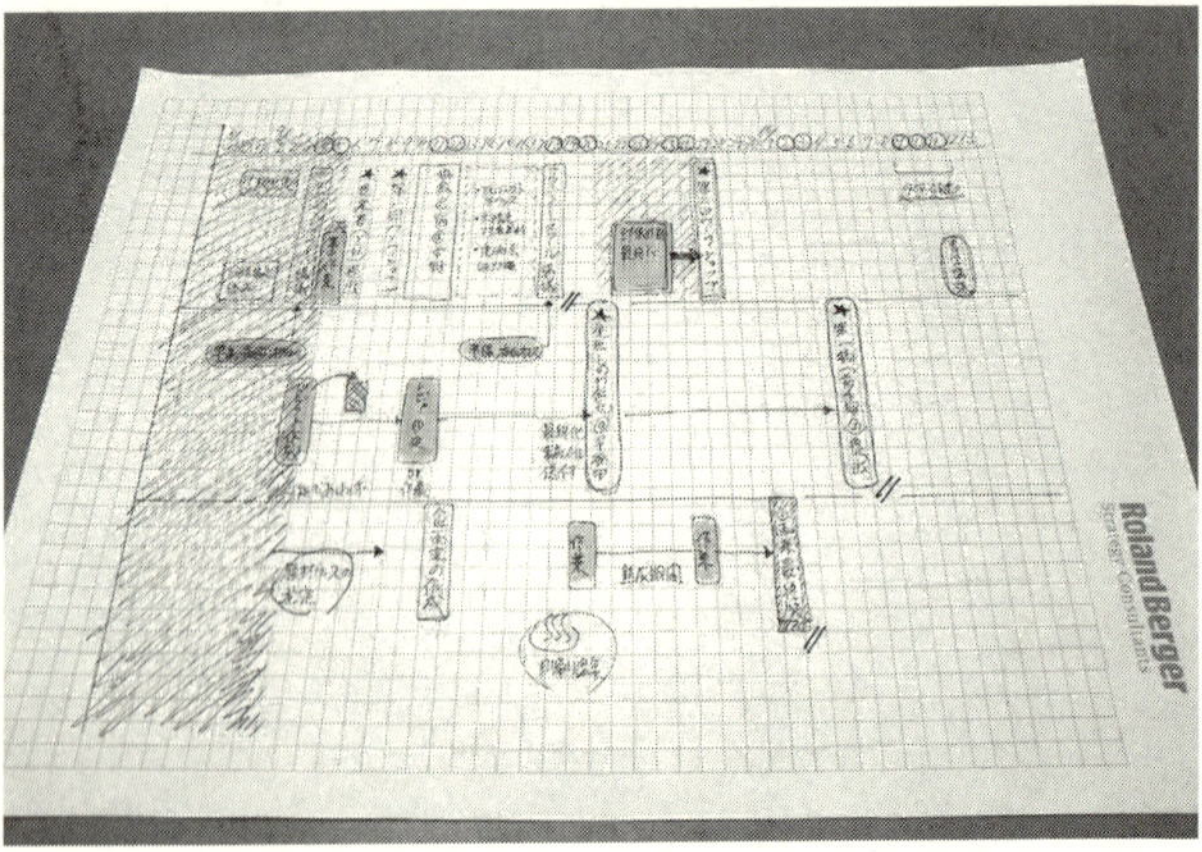

想定外を取り込む

もちろんすべて計画通りに物事が進むとは限りません。想定外の突発事項があるかもしれませんし、思わぬ副産物が生まれる場合があるかもしれません。でもそんな偶然は積極的に意識して取り込んでいけばよいのです。「偶然を必然に変える努力」が新たな道を切り開くことにつながることもあるはずです。これに関して、「現場力」で有名な遠藤功氏が面白い表現をしていました。「『運』に『命』を込めると『運命』になる」。なんか妙に納得したのを今でも覚えています。

「偶然を必然に」というポイントは、実は経営戦略論の中でも議論がなされています。

アンゾフの「計画」を中心に据えた戦略論の対極に、偶然を必然に変えることの重要性をうたった戦略論も存在しているのです。その戦略論では「意図（計画）せざる戦略」も大切だとしており「コンフィギュレーション学派」と呼ばれています。『戦略サファリ』（東洋経済新報社）の著者ミンツバーグがこの学派の第一人者としてとても有名です。

この考え方の根っこには「創発」と「変革」という概念があります。

まず「創発」とは全体を構成する要素が相互にかかわり合うことによって、全体の大きな規則性、あるいは個々の要素のレベルでは存在しない新しい性質が生まれてくることを指す言葉です。これを戦略に当てはめてみると、日々の業務の中で環境に適応しながら、チャンスを生み出したり、取り入れたりしていく新たなパターンを大切にすべきであるというふうに表現できます。

そして「変革」においては、形式的なこと・非形式的なこと、戦略と組織、概念と具体性といった、多くの要素すべてを対象にすべきだとミンツバーグは主張しています。

ただし、ミンツバーグは「計画」を否定しているわけではありません。「計画」に「創発・変革」を組み合わせていくことが大切だと主張しています。

個人の場合もきっと計画を完遂しようとする努力と、偶然を取り込む努力の両方のバランスが大切なのでしょう。

「計画」をする。その際に「八〇／二〇」と「シナジー」を考える。実行する。そして「偶然」を取り込む器を持つ、そして、新しい何かを生み出す。カチッとした計画と柔らかい偶然のミックスを意識することで目的達成能力はきっと高まるはずです。

まずは今日から一カ月分の一日単位の計画を、紙一枚の上に立ててみてはどうですか。

column

アンゾフの成長マトリクスとミンツバーグ『戦略サファリ』

H・I・アンゾフは一九六五年に『企業戦略論』を出版しました。この本はまさに現在の経営戦略論の源流ともいえる書物です。体系的に企業の目標、戦略的意思決定モデル、戦略の概念を整理し、企業が製品―市場戦略を立案する際の意思決定フローを明確に提示しました（そのためプランニング学派の起源とされています）。

なかでも特に有名になったのがアンゾフの成長マトリックスです【図3－3】。

企業の長期的な目標である資本利益率を向上させるためには、成長性・安定性といった外部的競争力の強化と内部的効率の向上が重要となります。それを実現するうえでは

図3-3　アンゾフの成長マトリックス

市場ニーズ ＼ 製品	既存製品	新規製品
既存顧客	市場浸透	製品開発
新規顧客	市場開発	多角化

出所：『企業戦略論』、p137をもとに作成

「シナジー」を効かせた成長の模索が重要となるのです。

シナジーは販売、生産（操業）、投資、マネジメントの四つに分類され、これらのシナジーによって①既存製品を活かして新しい顧客を開拓する、②既存顧客に対して新しい製品を販売する、といった成長ベクトルが明確になるとアンゾフは主張しています。

その後、事業環境の変化や研究の進展に伴い様々な切り口で戦略論は進展していきました。ポーターの産業組織論を土台としたポジショニング学派やバーニー等のRBVなど、企業経営の複雑さを反映するかのようにその幅は多岐にわたっています。

それを体系的に整理したのがH・ミンツバーグの『戦略サファリ』です。ミンツバーグは、戦略の学派（スクール）を次の一〇個に分類して、それぞれの学派の貢献、課題をまとめています。

①デザイン・スクール：コンセプト構想プロセスとしての戦略形成
②プランニング・スクール：形式的策定プロセスとしての戦略形成
③ポジショニング・スクール：分析プロセスとしての戦略形成
④アントレプレナー・スクール：ビジョン創造プロセスとしての戦略形成
⑤コグニティブ・スクール：認知プロセスとしての戦略形成
⑥ラーニング・スクール：創発学習プロセスとしての戦略形成
⑦パワー・スクール：交渉プロセスとしての戦略形成
⑧カルチャー・スクール：集合的プロセスとしての戦略形成
⑨エンバイロメント・スクール：環境への反応プロセスとしての戦略形成
⑩コンフィギュレーション・スクール：変革プロセスとしての戦略形成

ミンツバーグ自身はコンフィギュレーション・スクールに属しています。コンフィギュレーション・スクールでは、組織が、コンフィギュレーション（配置・構成の状態）とトランスフォーメーション（変革）の二つの局面を行き来しながら進化するので、その変革プロセス自体が重要となると主張しています。

《参考文献》

H・I・アンゾフ（広田寿亮訳）『企業戦略論』（産業能率大学出版部）
ヘンリー・ミンツバーグ他（齋藤嘉則監訳）『戦略サファリ』（東洋経済新報社）

2　ルール設定で先手を取り、仕組みを作る

POINT　身の回りが落ち着いている時こそ「変化」をしかけてみましょう。その際には「ルール」の変更という視点を持ちましょう。新たなルールを設定できた時、これまでの「常識」は「非常識」へと変わり、勝機が見えてくるのです。

デファクト・スタンダードの威力

結婚して家庭を持つ同僚と話をすると、時々、家計は自分が握っているのかそれとも奥さんが握っているのか、といった話題になることがあります。もちろんその答えは人によって違います。ただ一般的には、自分が家計を握っているという同僚のほうがなんだか懐が暖かそうな気がします。

このような家計に関する「ルール」はだいたい、結婚の準備をしている時の何気ない会話や結婚直後の給与振込口座の設定などで「なし崩し的」に決まっていくことが多いようです。しかし、その影響力は大きく一〇～二〇年と（ひょっとしたら一生……）続くことになってしまいます。

デファクト・スタンダード（de facto standard）という言葉を聞いたことがあるでしょうか。デファクト・スタンダードは「事実上の標準」とも訳され、公的機関が決めたわけでもないのに事実上市場の大半を占めるようになった規格のことを指します〈ちなみに、公的な標準化機関が決めた公的な規格をデジュリ・スタンダード（de jure standard）と言います〉。先ほどの家計の主導権も夫婦間のある種のデファクト・スタンダードと呼べるのかもしれません。

このデファクト・スタンダードが取れるかどうかは、実は企業経営にも大きなインパクトを与えます。たとえば近年の例でいうと、ブルーレイはＨＤＤＶＤとの規格争いに勝ち市場を独占することができました。古くはビデオテープのＶＨＳとベータの戦いなども有名です（ＶＨＳが勝ちました）。もっと古くさかのぼれば、時計が右回りか左回りかもそうです。今、左回りの時計は存在していません。右回りがよいという特に大きな理由は見当たりませんが、それが標準になっています。

このような規格やルールは、結構、物事の最初の頃に決まります。そして長い期間にわたって影響をもたらします。それにもかかわらず、個人生活においては、ルール設定にあまり十分な意識が向けられることは少ないようです。もったいない気がします。

自らのキャリアを切り開いていくうえで、ここからは二つの示唆を得ることができると思います。一つは「ルールの設定」や「仕組みの構築」という視点で物事をちゃんととらえてみるということ。二つ目は、それを先手先手で行っていくべきだということです。

私のかつての同僚で先手先手の「ルール」設定に長けた人がいました。たとえば、その同僚は「営業と開発の連携強化のための新たな会議体を導入する」「業績評価の項目変更を提案する」など、新たな「ルール」を提案し実行に移すことを積極的に行っていました。

あるいは、自分のところに鍵となる情報が集まるような仕組みを工夫したり、社内での新たなプロジェクトの責任者を買って出るなど、自分の影響力を高める努力も行っていました。

もちろん、その人は他の人より早く組織の階段を上っていきました。

イノベーションで進むライフサイクル

では逆にライバルにルールの設定をされたらおしまいか、あるいは、うまくルールを設定できれば安泰か、というと必ずしもそうではありません。

なぜなら環境は必ず変わるからです。何事にも「ライフサイクル」というものがあります。新たなものが導入されたら、それは成長し、成熟し、衰退していくというパターンを取ることがほとんどです。逆転のチャンスやリスクは、実はこの成熟期にあります。そこでルールを変えることができれば、これまでの「常識」を「非常識」に変えることができて、新たな勝機が見えてくるのです。

少し経営学の知見を用いて背景を説明しましょう。鍵となるのは「**脱成熟**（de-maturity）」というコンセプトです。

産業のライフサイクルは二つのイノベーション、「製品イノベーション」と「工程イノベーション」によって進んでいきます。最初は製品イノベーションが主流となる段階で、そこではいろんな技術に基づく様々な製品が生まれますが、やがて一つの製品の形体（これをドミナント・デザインと呼びます。デファクト・スタンダードの一種です）へと収斂していきます。たとえば一〇〇年前、今の自動車の形ができる前には、蒸気自動車やガソリン車、電気自動車などが乱立し、三輪のものもあれば四輪もあり、ハンドルにしても丸いものや船の舵のような形をしたものまでいろいろあったそうです。それがフォードのＴ型モデルの成功により自動車のドミナント・デザインが決まりました。

ドミナント・デザインが決まると、次は工程イノベーションへと軸足が移っていきます。すなわち生産効率の向上に目が向いていくのです（日本企業はこれが得意です）。そして両方のイノベーションが落ち着いた時、産業は成熟期に達します。

そしてその時こそ新たな勝負の始まりとなります。顧客ニーズの変化や新しい技術の発見を契機として「脱成熟」、つまり再度製品イノベーション時代がやってくるのです【図3－4】。先ほどの自動車産業の例でいうと、電池技術の進歩により電気自動車という新たな製品イノベーションによる「脱成熟」が起こりつつあります。

電気自動車が将来主流になると、今の自動車の核であり芸術品とも呼べるエンジンは無用の長物になってしまいます。それに代わって電池とモーター、それを制御するソフトウエアなどが大切になってきます。ここでは今までの自動車メーカーの「常識」が「非常識」へと変わってしまうのです。


「マンネリ」になった時こそ新しいことを仕掛けるチャンスです。ここで新しいルールや仕組みを仕掛けることができれば、きっと失地回復も可能です。つまり「変化の時がチャンスで、それに乗る」ではなく「変化がない時に変化を仕掛けていく」ことこそが大切だといえるでしょう。

ただ大それたことを言っているのではありません。自発的に「勉強会」を発足させよう、

図3-4 「脱成熟」のダイナミクス

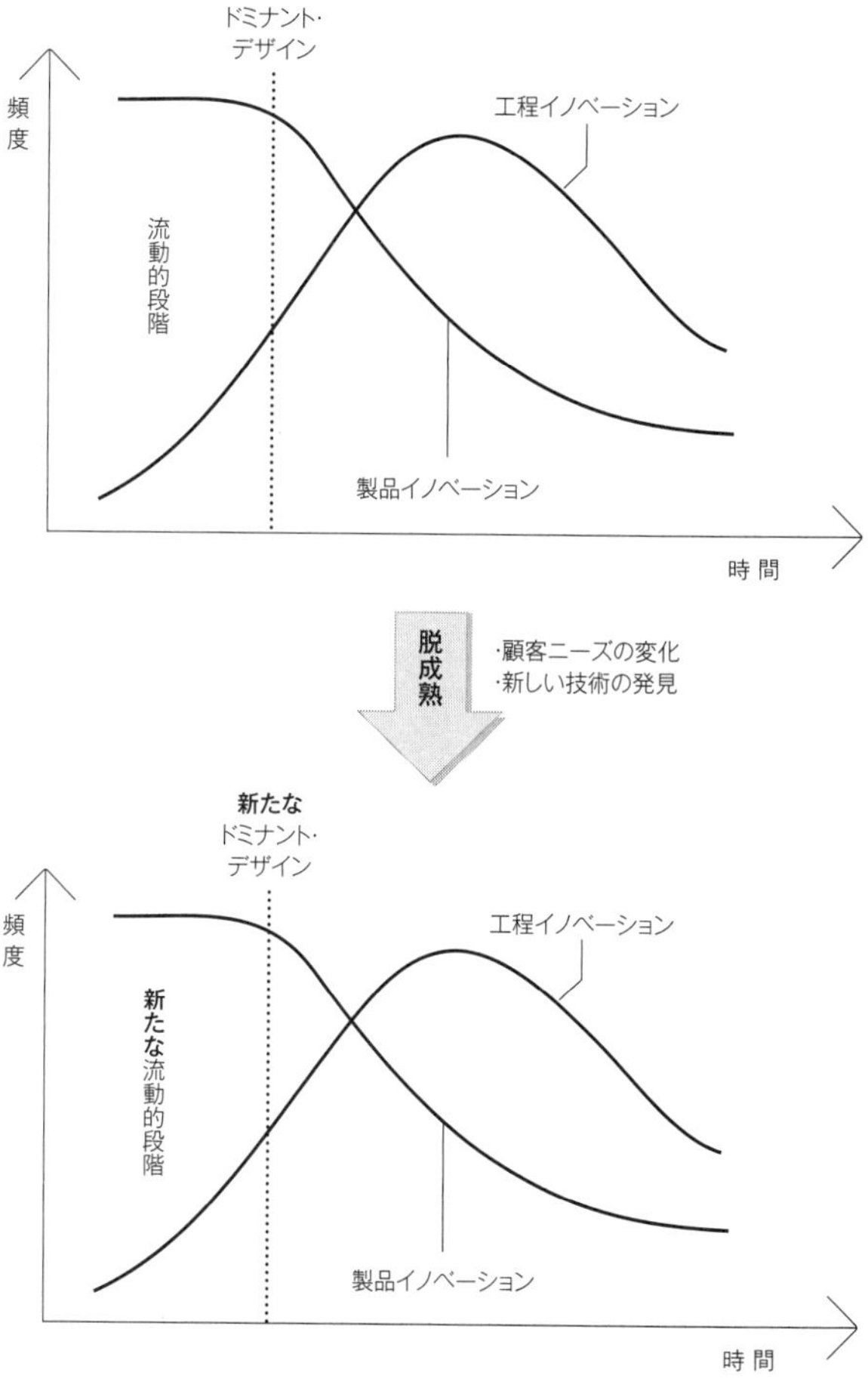

出所：新宅純二郎『日本企業の競争戦略』(有斐閣)、p6をもとに作成

自発的に「定例飲み会」を設定しよう、といったことでよいのだと思います。
冒頭の家計の主導権の話ですが、私の経験では「脱成熟」のチャンスは「転職」か「出産」にありそうです。

column

デファクト・スタンダードの威力

「標準（デファクト・スタンダード）」という考え方は近年ますます注目されています。この標準を取れるかどうかが儲けられるか否かの必要条件になるからです（十分条件ではなさそうですが）。しかもその標準が決まるタイミングは早く、アーリーアダプター（初期採用者：最初に新しい製品に飛びつく人の次に新製品を購入し始める人たち。オピニオンリーダーになりやすい）が製品やサービスを購入する製品普及率二〜三％のあたりであるといわれています。

この「標準」という課題は二つの点で日本企業へ大きな影響を与えています。

一つ目は事業構造の「タテ型」から「ヨコ型」への変化です**【図3－5】**。日本企業はどちらかというとタテ型の事業が得意であったといえます。典型的には「系列」のよ

図3-5 「タテ型」事業構造と「ヨコ型」事業構造

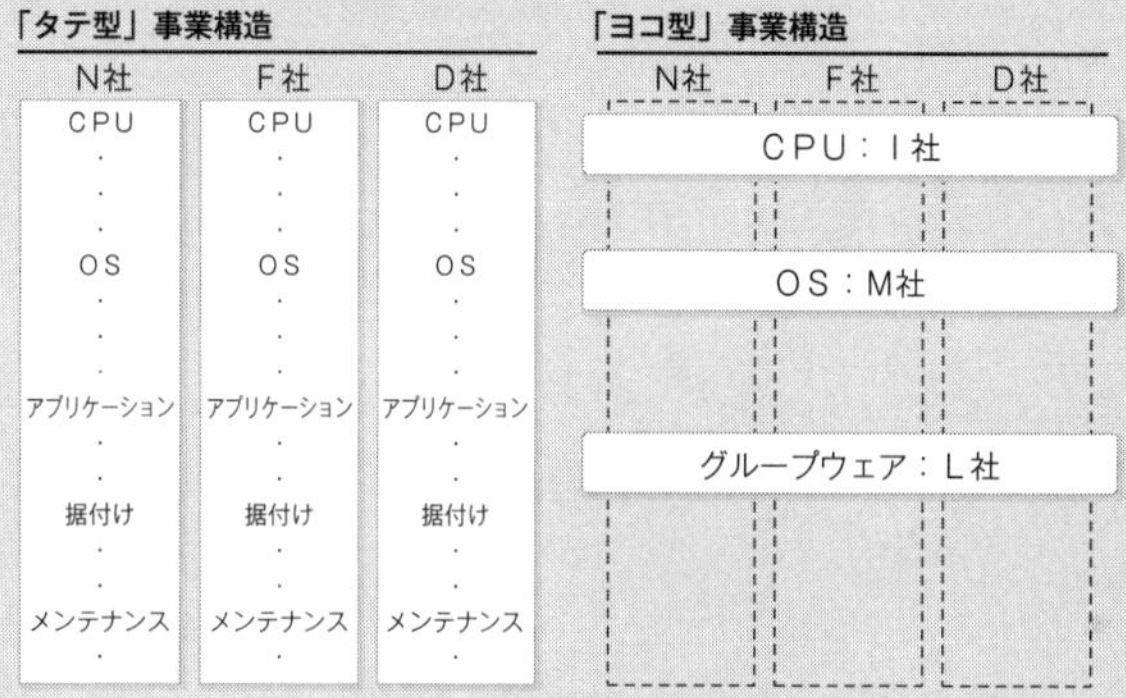

出所：『デファクト・スタンダードの競争戦略』、p352、354をもとに作成

うに企業グループを形成し、自前で部品生産から最終製品の生産までをやり切ってしまう事業モデルです。

一方「ヨコ型」の事業モデルは、たとえばPC業界のように、CPUはインテル、OSはマイクロソフト、組み立てはデルといったふうに分業に基づく事業モデルです。

日本企業は「タテ型」から「ヨコ型」への事業構造の変化に対し、どうやって「標準」を獲得していくかといった対応を求められています。

二つ目は「ガラパゴス化」と呼ばれる現象への対応です。この「ガラパゴス化」とは、技術やサービスなどが日本で独自の進化を遂げ、世界標準からかけ離れてしまうことを指しています。

日本にはこれまで非常に要求水準の高い顧客からなる巨大な国内市場が足元に存在していました。日本企業がこの市場に注力している間に、より巨大なグローバル市場において、要求水準が低いレベルでの技術やサービスの標準化が進み、日本だけがその動きから取り残され、気づいた時には日本の製品が「良すぎて」、外では通用しなくなってしまうということが起きてしまったのです。

この現象は一つの技術分野に限ったことではありません。PC、デジタル放送、建設業、携帯電話、鉄道技術、非接触ICカード、カーナビゲーションシステムなど枚挙にいとまがありません。このような「ガラパゴス化」にどう対応するかも日本企業にとっての大きな課題となっています。

また「脱成熟化」も日本企業にとっては大きな課題です。なぜなら、それまでの強みや常識が、ある日を境に突然、弱みや非常識になるかもしれないからです。日本企業は、苦手なイノベーションをどう生み出していくかを問われています。

《参考文献》

山田英夫『デファクト・スタンダードの競争戦略』（白桃書房）

W・アバナシー、K・クラーク、A・カントロウ（望月嘉幸監訳）『インダストリアル・ルネサンス』（TBSブリタニカ）

3　自分の土俵に相手を巻き込む

POINT　自分の力を発揮できる「土俵」はどこかを考えてみましょう。その「土俵」で一本「筋」を通した戦い方をすることによって勝つべくして勝つ。そうした中から道が開けてくることもあります。

「そもそも論」で筋を通す

少しキャリア形成とは違った切り口から話をしたいと思います。

私の知り合いの中にいるとても交渉力に優れた人の話です。

その人と一緒に打ち合わせに参加していると、その人の意図した通りに議論が進むのが多いことに気づいたのです。何度かその成り行きを観察していると、二つのポイントがあることがわかってきました。

一つ目のポイントは「そもそも論」の議論に話を持ち込んでいたことです。たとえば顧客から値引きを迫られた場合、その人は、値引きができるできないという押し問答にとどまるのではなく、そもそも製品やサービスの品質を担保するためには、どれくらいの費用がかかるのかといったふうに議論の切り口をうまく変えていくのです。それによって「値引き」の議論が「品質」という本質的な「そもそも論」になり、値引きを回避することができたりします。この「そもそも論」は議論に一本「筋」を通すことになるようです。

二つ目のポイントは、自分が勝てる土俵に議論を持ってくることです。たとえば人事評価や会社に対して不満や文句を言いたい場合、「人事評価のテクニックに対する不満ではなく、人の育成のあるべき姿について議論したいのです」「会社への不平不満を言っているのではなく、ビジョンの欠如という課題について問題提起しているのです」といったように、ネガティブな不平不満という形ではなく、ポジティブな視点での議論というふうに土俵を設定することで、自分の立ち位置を有利にするのです。自分が優位に立てる土俵に議論を持っていけると相手はそれに応えざるを得なくなります。

これらの話は、一見、キャリア形成には関係ない話のように聞こえますが、実はとても大きな示唆があるのです。

まず、キャリア形成において「そもそも論」で「筋を通す」ことはとても大切になります。「率先垂範する」「顧客第一を追求する」「部下のクオリティー・オブ・ライフ（生活の質）を担保する」といった、筋の通った志のあるポリシーは周りに理解されやすく、リーダーシップの発揮や人徳の向上につながります。

また、自分が「勝てる土俵」で戦うという発想も、キャリア形成にプラスの効果をもたらします。自分が力を発揮できる土俵で戦えばやはり有利です。クリエイティビティーがあれば広告代理店で働く、英語が得意なら外資系企業で働く、コーヒーが大好きならスターバックスで働く――こういったことは仕事生活に充実感をもたらし、自分の成功確率を高めるはずです。そしてそれは自分の自信にもつながります。

最近では、転職も当たり前になってきました。また、企業の中でも社内公募制度が充実するなど、自分の勝てる土俵探しがやりやすくなってきています。「勝てる土俵」を探すということを意識しておいて損はないでしょう。

ただし気をつけないといけないのは、あまり土俵を変えすぎるのはよくないということです。土俵を変えすぎると、第2章で議論したような能力の蓄積にはマイナスです。ある時はグッとこらえて背伸びする。そしてある時は潔くスパッと土俵を変えてみる。こういった「ジグザグ」が大切になってくるのでしょう（私はこれまで転職を五回繰り返しました。少々多過ぎたかもしれません……）。

戦う土俵を有利に

どの土俵で戦うかといった議論は経営戦略論の世界でも一九八〇年代から活発になされています。最も中心的な役割を果たしたのはハーバード・ビジネス・スクール教授のマイケル・E・ポーターです。ポーターは、企業は儲かる業界（土俵）で戦うほうが良いと説いています。なぜなら儲かりにくい業界は誰がやっても儲かりにくく、企業の業績は戦っている業界（土俵）によって大きく左右される可能性が高いからです。ポーターは、業界が儲かりやすいのか否かを判定するための方法論（**ファイブ・フォーシーズ**と呼ばれる業界分析のフレームワーク）を確立しました。

ただ、どんな業界にいたとしても、まずはその業界の中で最善を尽くすことは成功のための必要条件となります。そのための基本戦略をポーターは次の三つに分類しました。「**コストリーダーシップ戦略**」「**差別化戦略**」「**集中戦略**」です。これらの基本戦略を実現するためには、企業の様々な業務活動に一本「筋」を通す必要、つまり整合性のとれた業務連鎖を作る必要があると主張しています。企業にとっても個人にとっても「筋」と「土俵」を考える姿勢は大きな意味を持ってくるのだと思います。

ちなみに先ほどの三つの基本戦略を個人に応用すると次のようになるのかもしれません【図3－6】。

①コストリーダーシップ戦略　↓　徹底的に時間効率を高め、幅広い領域で力を発揮し活躍する。オールマイティーの戦い方

②差別化戦略　↓　これだという自分の「強み」を研ぎ澄まし、それによって一点突破型でいろんなものを攻略しようとする戦い方

③集中戦略　↓　ここを制覇するという領域を定め、そこだけにありとあらゆる努力を投入する戦い方

以前、自ら起業してとても活躍している同世代の女性に次のような質問をしたことがありました。「四〇代、五〇代になっても輝いている人とはどんな人ですか？」。その方の答えは「スマート（Smart）な人かな～」といったものでした。

詳しく聞いてみると、彼女の周りの輝いている人は、自分が活躍すべき土俵を理解し、自

図3-6　ポーターの基本戦略の自分への応用

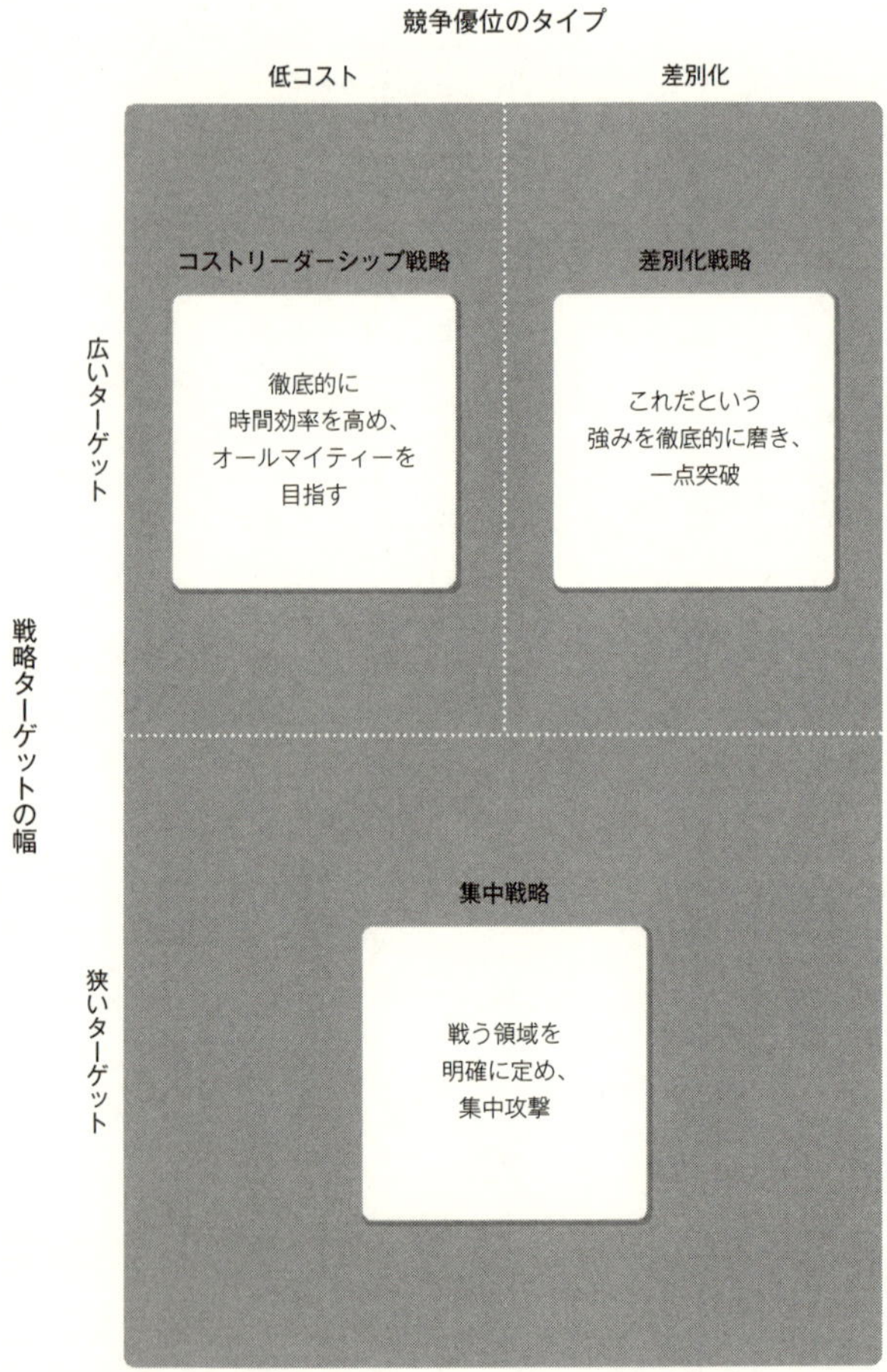

分のポリシー、つまり崩してはならない自分の「筋」を貫き通すかっこ良さを持っているというのです。それを一言「スマート」という言葉に凝縮していたようです。

きっと「スマート」な人は、自分が活きる道を知っていて、余裕があるのでしょう。できればいくつになっても「スマート」に生きたいものです。

column

ポーターのファイブ・フォース

八〇年代、ハーバード大学のマイケル・E・ポーターが書いた『競争の戦略』（ダイヤモンド社）は当時最も売れた戦略書となりました。ポーターの唱える戦略論は、どの業界でどのような戦略ポジションを取るかを重視する考え方であり、「ポジショニング学派」と呼ばれています。

そもそもポーターの戦略論の基礎は、経済学の産業組織論の中にありました。産業組織論という分野では、製品差別化、売り手集中度、買い手集中度、参入障壁、撤退障壁、代替品といった概念を用いながら、業界内での資源配分にゆがみを起こすことなくメーカー（商品・サービスの提供者）の利益を最小化し、顧客の利益の最大化を

図3-7　ポーターのファイブ・フォーシーズ・モデル

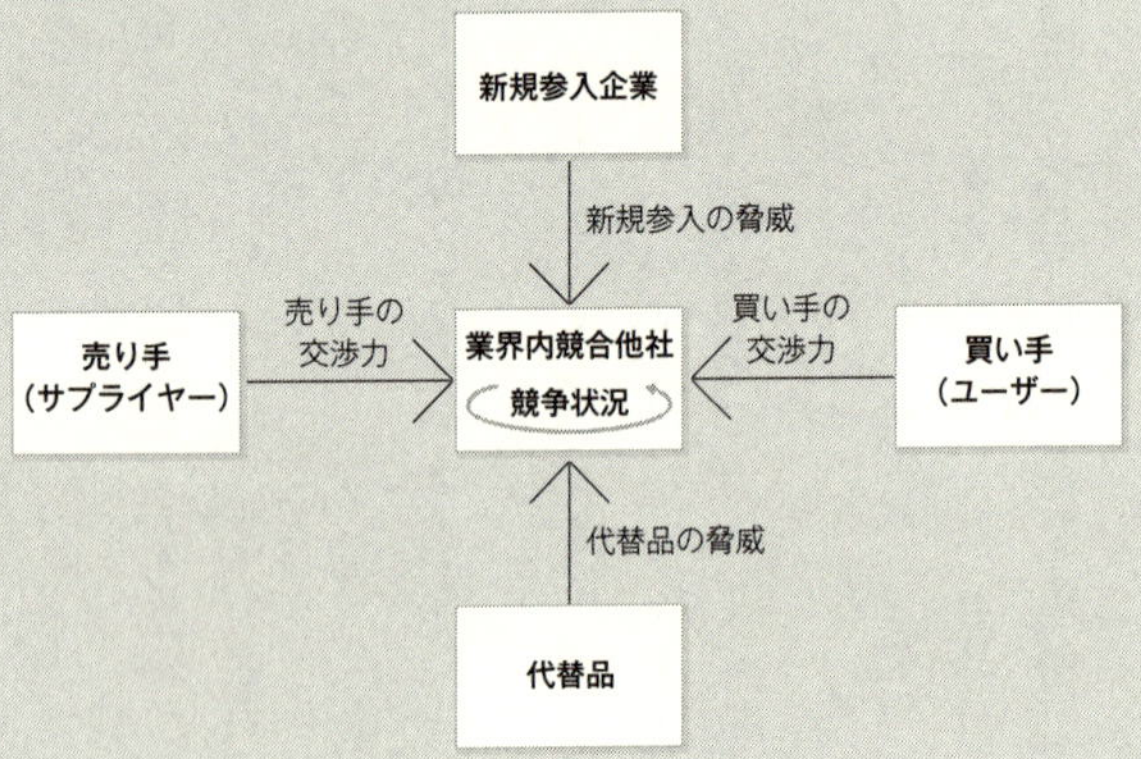

どう作り出すか、の研究がなされていました。

ポーターはそれをメーカーの視点で逆手にとり、資源配分にゆがみを起こす条件が整っている業界ほど、メーカーにとっては儲けることができる魅力的な業界になると考え、戦略の枠組みを構築したのです。

ポーターの枠組み（ファイブ・フォーシーズ）では、①製品差別化の余地が大きく、②部品や素材の売り手（つまり供給業者）が小規模多数で交渉力が弱く、③消費者や流通業者といった買い手も小規模多数で交渉力が弱く、④参入障壁が高く、⑤代替品の脅威が少ない、そういう業界で企業は高い利益を生み出すことができると教えています【図３－７】。

また、業界内で確固たる戦略ポジションを構築するために、本文中で紹介した基本戦略や企業の付加価値連鎖（バリュー・チェーン）という概念を用い、一連の整合性のとれた業務活動を作ることが重要だとしています。

このようにどこで何をするかという側面から戦略をとらえると、複数の事業や製品群の組み合わせ（ポートフォリオ）をどう最適化するかという考え方の重要性もはっきりとしてきます。今儲かっている事業の利益を将来の核とすべき事業に投資していく、このような好循環を企業の中に構築できた時、企業は事業や製品の寿命（ライフサイクル）を超えて生き延びることができるようになるのです。

三枝匡氏の『Ｖ字回復の経営』では、企業の事業ポートフォリオ再構築のやり方が、小説仕立てでわかりやすく解説されています。

《参考文献》

Ｍ・Ｅ・ポーター（土岐坤、中辻萬治、服部照夫訳）『競争の戦略』（ダイヤモンド社）
三枝匡『Ｖ字回復の経営』（日経ビジネス人文庫）

4　他力を生かす

POINT 自分は「ちっぽけ」であるという謙虚な姿勢を持ちましょう。そして「他力」を取り込むことを考えると、自らの能力向上と成果の創出に大きく役立ちます。この時に大事になる考え方は「オープン」と「モジュール」です。

部分最適を組み合わせる

ここで一つ問題です。

部分最適を寄せ集めるのと、最初から全体最適を目指すのと、どちらがより良い結果を生むでしょうか。

直観的には最初から全体最適を目指したほうがベターのような気がすると思います。ただ必ずしもそうならないことも多いようです。部分最適を寄せ集めたほうが時にはより良い結果を生むようなのです。実際、ビジネスの世界ではそれが起こっています。これには二つの理由があります。

一つ目は、製品がどんどん高度化してきていることです。今の若者が使っている製品（スマートフォン、ゲーム、インターネットなど）は、私の親の世代からすると想像を絶する高度なものだといえます。機能やデザインすべてにおいて調和のとれた優れた製品を、全体最適で設計することはほぼ不可能になってきているのです。

二つ目は、世の中の情報量やその伝達能力が飛躍的に増大していることにあります。情報は紙から解放され、ほぼコストゼロで共有することが可能となってきました。その情報の渦に対して、人間の認知能力は限られ、人間の情報処理能力が全体最適を考えるうえでのボトルネックになってしまったのです。

こうなると最初から全体最適を目指すことはほぼあきらめざるを得なくなります。個々の領域や部品でそれぞれに部分最適を目指し、それを持ち寄ったほうが、現実的には良い結果を生み出すことになるという理屈が成り立つのです。

難しい言葉ですが、このように全体最適を目指すのか、部分最適を目指すのかといったような方針は「**ビジネス・アーキテクチャ**」と呼ばれています。ビジネス・アーキテクチャとは製品をどうやって作るかという基本的な設計思想ということができるでしょう。大きく分けるとこのビジネス・アーキテクチャは二つに分類することができます。

一つは「クローズド（囲い込み）・インテグラル（擦り合わせ）」です。自動車業界などはその典型といえます。自動車は、これまで系列というクローズドな世界の中で阿吽の呼吸のもとに、部品の仕様を擦り合わせながら作られてきたのです。完成度の高い車をつくるために、全体最適を目指した考え方ということができます。

もう一つは「オープン（業界標準）・モジュラー（組み合わせ）」です。PC業界などがその典型です。つまり、PCの各部品（OSやCPU、HDD）には業界標準があり、PCを作ろうと思えば、誰でも入手可能（オープン）な部品（モジュール）を買ってきて組み立てればできてしまいます。これは部分最適の考え方です。この場合、それぞれの部品をうまくくっつけられるようなインターフェースの設計が大切になってきます。

一般的に、日本企業は「クローズド・インテグラル」が得意で、アメリカ企業は「オープン・モジュラー」が得意であるという傾向が強いといわれています。

そういった意味においては、日本人として「オープン・モジュラー」の良い点を取り入れようとすることは、損ではないかもしれません。

キャリア形成を考えるうえでも、様々な部分最適を組み合わせるという考え方もありえそうです。たとえば「英語習得」「ビジネススキルの向上」「仕事での成果」「趣味（旅行など）」「結婚・子育て」など、それぞれの領域の部分最適を目指しながら、時間軸の中でそれらをならべてみて、その全体像を構成してみるというのはどうでしょうか。

ちなみに私は、二〇代に「結婚」「英語」、二〇代の終わりから留学して「ビジネススキル」と「論理的思考」「趣味（旅行）」、三〇代では「子育て（二人）」「家の購入」、四〇代にはいってから「趣味（ピアノ）」「後進の教育（ビジネススクールでの講義）」「コンサルタントとしての貢献」「本の執筆」、といったふうにそれぞれ領域での部分最適をがんばって達成しながら、苦労と挫折はあるものの、それなりに充実した人生を歩んでくることができたような気がします。今後は「老後のための健康作り」あたりを頑張るタイミングに差し掛かっているような気もします。

「他力」を活用する

「オープン・モジュラー」の良いところは、その性質上、「他力」の活用がしやすくなる点にあります。

自分でやって能力を蓄えるモジュールと、他力を活用してレバレッジを効かせるモジュールを分けて考え、最大限の結果を目指すことが可能となるのです〈世が世なら「英語」はぜひ他力（自動翻訳機）を活用したかったと思います……〉。

企業の例でいえば、文房具通販のアスクルは「他力」をうまく活用した企業ということができます。アスクルはもともとプラスという文具メーカーの通販事業部門でした。しかし、顧客のニーズに対応するため競争相手の文房具も取り扱うようになりました。それによってアスクルの競争力は大きく向上しました。なんと競合他社という「他力」まで取り込んだのです。

また、カタログの配布や集金業務は地方の文具店に協力を仰いでいます。本来、文房具販売という意味では文具店もまた競争相手になります。そんな競争相手の力までも自らビジネスに取り込んでアスクルは成長しているのです。スゴイと言わざるを得ません。

キャリアを作っていくうえで大切な「他力」の一つに職場や学校の仲間が挙げられます。自分でできることの限界をしっかりと理解したうえで自分は「ちっぽけ」だと謙虚になったほうが、仲間の力を借りて成長し、大きな結果を生み出していけるのではないでしょうか。また同時に、その「ちっぽけ」な自分の価値を信じ、他の人の「他力」になってあげることで、Ｗｉｎ・Ｗｉｎの関係が生まれ、新しい世界がひらけていくかもしれません。

私は新卒でベイン・アンド・カンパニーに入社しましたが、そこで優れた仲間としっかり議論ができたことは私にとっての大きな「他力」活用の原点になっています。それを通じて「論理的思考」という領域（モジュール）の能力向上が進んだだけでなく、プロフェッショナルとしての土台が形づくられていきました。

まずは皆さんも自分の身の回りの人の「他力」活用を心がけ、Ｗｉｎ・Ｗｉｎの関係づくりを始めてみませんか。

column

モジュール化とオープン・アーキテクチャ戦略

革命の中にいる時には革命であることにはなかなか気づかないとよくいわれます。我々は今まさにネットワーク革命の真ん中にいると本来はしっかりと認識すべきでしょう。ネットワーク革命は「モノ経済」とは異なる「情報経済」をもたらしました。その構造的な差異は大きくあります。

情報経済では、情報が他の情報と結合した時に価値が増大する「収穫逓増の法則」が働きます。それゆえ情報の価値を最大化させる戦略は、モノの価値を最大化させる戦略と大きく異なることになります。それがオープン・アーキテクチャ戦略、つまりネット

図3-8　ビジネス・アーキテクチャの分析フレームワーク

	インテグラル（擦り合わせ）	モジュラー（組み合わせ）
クローズド（囲い込み）	●（従来の）自動車 ● 電子部品 ● 軽薄短小型家電	● メインフレーム ● レゴ（おもちゃ）
オープン（業界標準）		● パソコン ● 自転車 ● インターネット製品

出所：『日本のもの造り哲学』、p132をもとに作成

ワークの力を引き出すために製品や組織の構造をより開放的にする戦略です。

また、この情報経済の複雑化、高度化のスピードは速いです。それはモノと異なり複製にかかる変動費が限りなくゼロに近いという特性によっています。

このような動きは当然、モノ経済にも影響を及ぼすことになります。それがビジネス・アーキテクチャ自体の変化です。ビジネス・アーキテクチャを考えるうえでは、大きく二つの軸が存在します。一つは、「インテグラル（擦り合わせ）」か「モジュラー（組み合わせ）」かという軸と、もう一つは「クローズド（囲い込み）」か「オープン（業界標準）」かという軸です。

これらの二つの軸を組み合わせることによって製品の設計思想を大きく四つに分類することができます【図３−８】。本文中で取り上げたのはそのうちの主たる二つの象限です。

日本企業が「オープン・モジュラー」型の競争に打ち勝っていくためには、今までの強みの「クローズド・インテグラル」を捨て去るのではなく、たとえば、生産の上流工程は徹底的にモジュール化を進めるものの、下流工程はカスタム化を進め顧客に対しては徹底的にインテグラルを行うなど、「ハイブリッド」化が突破口になるのではないかと考えられています。

《参考文献》

國領二郎『オープン・アーキテクチャ戦略』（ダイヤモンド社）
藤本隆宏『日本のもの造り哲学』（日本経済新聞出版社）

第4章

自分ブランドを浸透させる
――マーケティング、ブランディング

1　キャラがかぶっていては名前も憶えてもらえない

POINT 「キャラ」がかぶっては埋もれてしまいます。「キャラ」をとがらせるためには二つのポイントに絞って自分を「ポジショニング」するとよいでしょう。訴求ポイントが多すぎるとそれを生み出す努力も大変になるし、相手にも届きません。相手に届くことがとても重要なのです。

二つの点で「キャラ」を立てる

十年ほど前のことですが、本屋で『図解　自分のポジショニングのみつけ方』（富澤豊、講談社）という面白そうな本を書店で見つけ思わず購入してしまいました。この本は「ポジショニング」というコンセプトを用いて、組織における個人のイメージや役割をどう作っていくべきかについて解説したものでした。

実はこの「ポジショニング」というコンセプトは、マーケティング論の中で、最も重要なものの一つになります。まずは少しポジショニングについての話をしましょう。ふつう企業がマーケティングプランを立案する際には、おおよそ次のようなステップを踏みます。

①環境分析と市場機会の発見——顧客が不便を感じているところ、妥協しているところを見抜きます
②セグメンテーション／ターゲティング——その不便を感じている顧客群を抽出するための切り口を考え、この人たちがターゲットだ！　とねらいを定めます
③ポジショニング——そのターゲット顧客にわかりやすい訴求メッセージを研ぎ澄まします
④マーケティング・ミックスへの展開——具体的な製品、価格、流通、販売促進を設計します

ポジショニングは、ステップ③に出てくるマーケティングプラン立案の「要」ともいえるものです。顧客や市場、競合を分析した後、「こんな製品やサービスを作り、こんな顧客にこうやって気に入ってもらうんだ」ということを決める段階です。これがちゃんとできると、顧客の意識に届くとともに、その後に検討することになるマーケティング・ミックスにも一本筋が通ってきます。

「ポジショニング」を行う際に大切になるのは、訴求メッセージを可能な限り一つに絞り

込むことです。なぜなら顧客は三つも四つもの多くのことを一度に心にとどめられないからです。ポジショニングを考える際、よくポジショニング・マップというものを書きます。今はどこにでもある「プリクラ」の例で説明しましょう。プリクラは、これまで街角にあった「証明写真」の機械を、「実用的→楽しさ」「一人で撮る→みんなで撮る」という新しい軸でポジショニングすることで顧客の心をとらえることに成功しました。ポジショニング・マップは【図4－1】のようになるでしょう。

「キャラ」を立てて組織に貢献する

冒頭で紹介した『自分のポジショニングのみつけ方』に話を戻しましょう。この本では様々なポジショニング・マップが紹介されていますが、その対象は人です。たとえば、2016年に残念ながら解散してしまったSMAPですが、この本によるとSMAPのメンバーのポジショニング・マップは【図4－2】のようになるようです。SMAPの魅力は、各メンバーのキャラがかぶらず、バランスの取れた構成にあったのです。

ホームラン・バッターだけの野球チームが必ずしも強いわけではありません。また、芸人は「キャラがかぶる」ことを特に嫌います。やっぱりそれぞれのキャラが立って、それぞれ

図4-1　プリクラのポジショニング

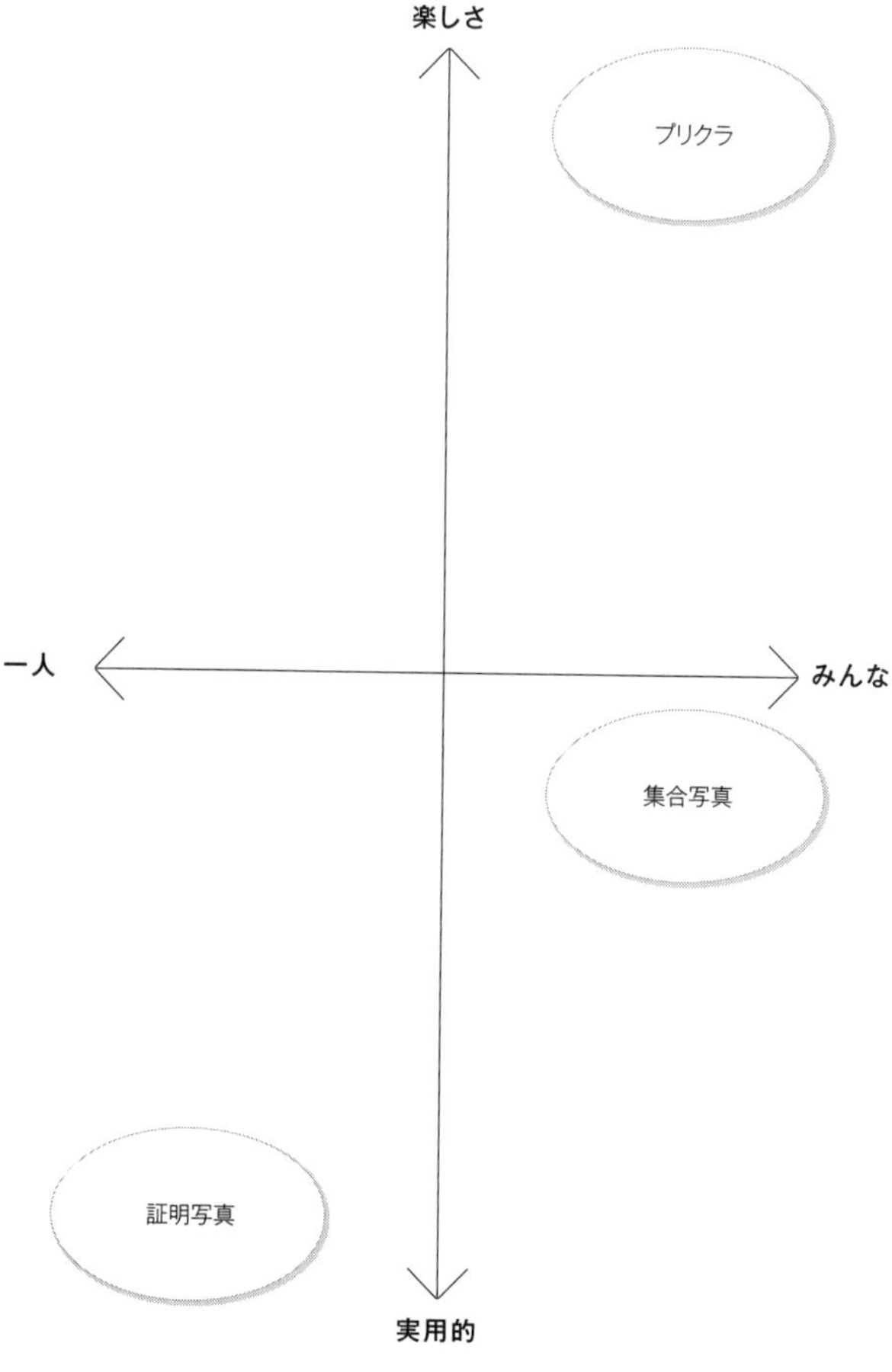

図4-2　SMAPのポジショニング・マップ

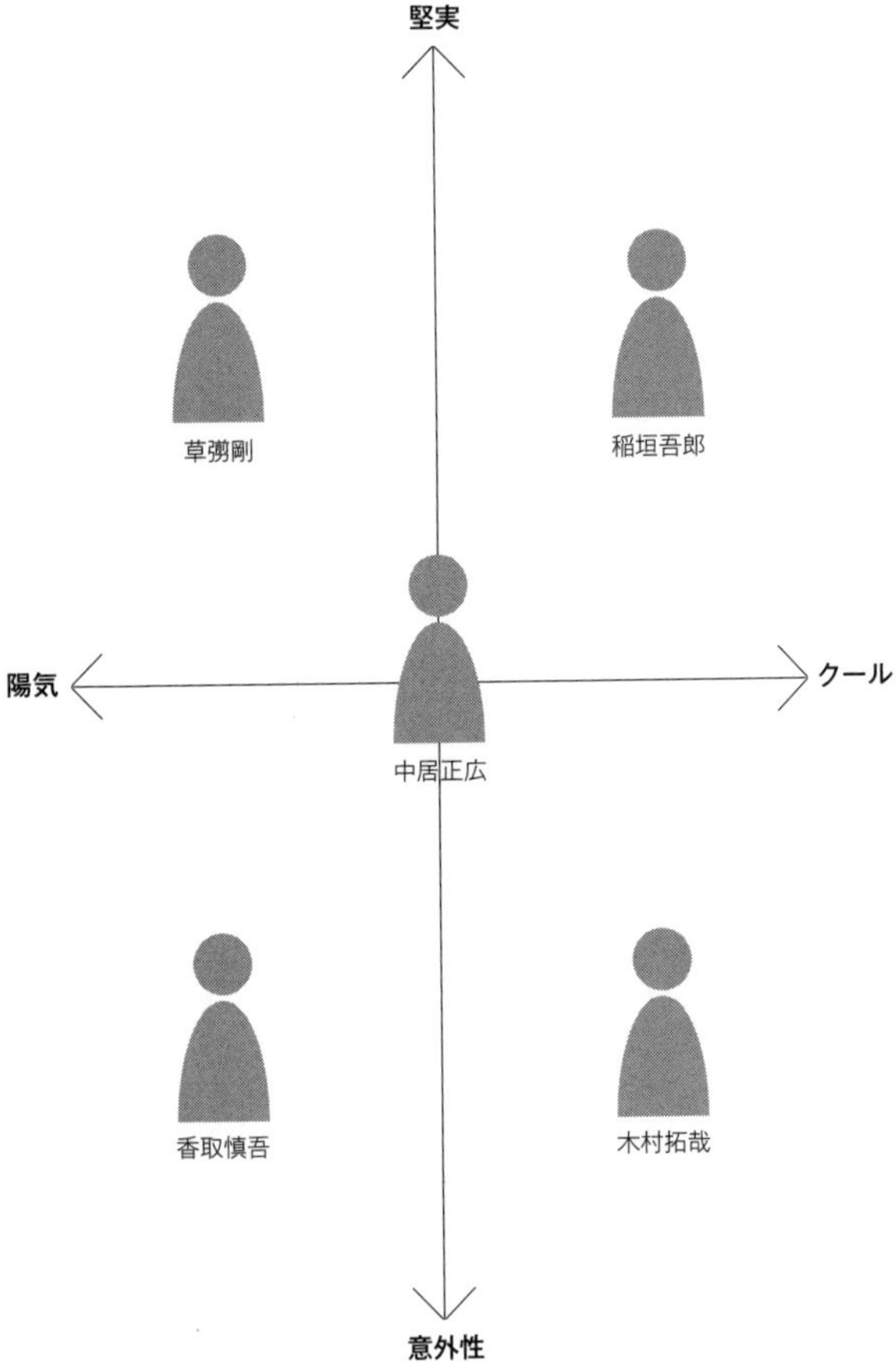

出所：富澤豊『図解　自分のポジショニングのみつけ方』（講談社）、p36をもとに作成

に力を発揮できてこそチームやグループは強くなるのでしょう。もちろんビジネスの世界でも同じことがいえます。組織には必ず多様性やバランスが必要となってくるのです。

自分の「キャラ」を立てて組織に貢献する。そして、それが組織にとっての良い結果につながり、組織がその「キャラ」を認める。この循環ができることが肝要です。そのためにもキャラを立てる時のポイントを二つに絞ることは大事になります。その方が、相手も理解しやすく、評価しやすく、より良いチームワークにつながるからです。

若手コンサルタントの中には、エクセルを使わせたら右に出るものがいないといった若手がいたり、消費者調査を任せたらまったく心配のいらない中堅や、顧客先に常駐するプロジェクトでは一〇〇％顧客の信頼を得るマネジャーがいたりします。こんな「キャラ」の立った人材はまさに企業にとっての貴重な資産だといえるでしょう。

蛇足ですが、このような「キャラ」論は企業そのものにも当てはまります。企業として「キャラ」が立っていることは、その企業の強みにもダイレクトにつながります。私がかつて勤めていたスターバックスはそんな会社の一つだったと思います。私なりの解釈では、スターバックスのキャラは「ちょっとした贅沢」と「新しいコーヒー文化」にあると感じています。

スターバックスは、この二つのキャラによって日本に参入し、年々販売減少の一途をたどる喫茶店業界において、ドトールコーヒーという強力な先駆者がいるなか、スペシャルティー・コーヒー市場という新しい市場を作り出すことに成功しました。

皆さんが所属する組織にとって意味のある二つの軸で、他人とかぶらない「キャラ」をあなたは作ることができますか? 何か二つでとがればよいのですから、そんなに難しいことではないと思いますが、どうでしょうか。

column

マーケティング戦略の基本 ——ポジショニング、セグメンテーション、ターゲティング

マーケティングには様々な定義があります。また歴史をひもといてみると、その定義も時代とともに変わっているのが実際のようです。最近では、単なる広告宣伝・販売促進という観点よりも、組織全体の業務活動としての意味合いが強くなってきています。簡潔に表現すると、マーケティングは「買ってもらう仕組みを作ること」と定義できるでしょう。

マーケティングというとまず真っ先に思い出されるのがマーケティング・ミックスの

4Pです。4Pとは、Product（製品）、Price（価格）、Place（流通）、Promotion（販促）の四つの英単語の頭文字を取ったものです（この考え方はエドモンド・ジェローム・マッカーシーという学者によって提唱されました）。語呂合わせではありますが、この四つのPは、企業と顧客が製品やサービスをやり取りする際に決して避けては通れない四つの要素でもあるのです。

そして、これらマーケティング・ミックスを策定する際に重要となるのがポジショニングです。よくポジショニングの前のセグメンテーションとターゲティングも合わせ、それぞれの英単語の頭文字を取り「ＳＴＰ」と呼ばれることがあります。この「ＳＴＰ」におけるロジックこそが非常に大切であり、これがしっかりとしていることが、その後の4Ｐへの展開の成否を決めることになります。「ＳＴＰ」は「4Ｐ」にもまして重要な位置を占めているのです。

ここでは『[改訂3版] グロービスＭＢＡマーケティング』を参考図書として紹介しておきます。マーケティング戦略の立案から、4Ｐ、そして産業財マーケティングまで幅広くカバーしており、入門書としては最適だからです。

また『[改訂3版] グロービスＭＢＡマーケティング』の中では、顧客維持型マーケティングの考え方も紹介されています。これまでのマーケティング論はどちらかというと成長市場を対象としたものであったといえます。つまりどうやって新しい顧客を獲得するかが主眼でした。しかし世の中が成熟するにつれて、いかに同じ顧客から多くを買ってもらうかがより重要となってきました。その際には顧客との「関係性」が大切となり、そのための手法（たとえばＣＲＭ：Customer Relationship Management）は、成長期のマーケティングとは明らかに異なってくるのです。

以前、私が勧めていたスターバックスに関する本である『スターバックス成功物語』もお勧めです。この本は、今のスターバックスの実質的な創業者であるハワード・シュルツが、スターバックスを作り上げていく苦労や工夫について語ったものです。スターバックスがどのように顧客に対する「価値」を生み出してきたのか、そのために、いかに組織全体が力を合わせてきたのかがよく伝わってきます。顧客を起点とした業務連鎖の構築がマーケティングの本質であることも感じさせてくれるはずです。

《参考文献》

グロービス経営大学院編著『［改訂３版］グロービスＭＢＡマーケティング』（ダイヤモンド社）

ハワード・シュルツ、ドリー・ジョーンズ・ヤング（小幡照雄、大川修二訳）『スターバックス成功物語』（日経BP社）

2　個人の「価値」を4Pで表す

POINT 各人の「マーケティング・ミックス（4P）」が〝ちぐはぐ〟だと周りは困惑するばかりです。キーワードは「整合性」。こだわりを持って自らの「キャラ」を4Pすべてで表現しましょう。

個人にとっての4Pとは

4Pとは、前にも紹介したように、Product（製品）、Price（価格）、Place（流通）、Promotion（販促）の四つの英単語の頭文字を合わせたものですが、この四つは最終的に企業が顧客に価値を提供するすべての「接点」を表していて、それぞれがとても大切な要素となります。

これらの接点が〝ちぐはぐ〟であれば、顧客は混乱してしまいます。それゆえ、売れている製品やサービスは必ずといっていいほどこの四つのPの間の整合性がとれているものです。

たとえばルイ・ヴィトンの鞄の4Pを考えてみましょう。ヴィトンの鞄の作りはしっかりしていてかなり長持ちします。だから価格は高くなっています。そして売られているのは百貨店かゴージャスな直営店、広告・販促でも信頼性やエレガントさがかもし出されています。やっぱりちゃんと整合性がとれていますよね。

では個人にとっての4Pとは何になるでしょうか。

まずProduct（製品）、これは自分自身といえます。「ポジショニング」のところで議論したとがった二つの「キャラ」を裏付けるだけの実力がなければなりません。これは必要条件なので、時間という資源を活かしながら地道に頑張って作り上げていきましょう。

次にPrice（価格）、これは得ている収入、もっと広くとらえると周りからの評価と言えるかもしれません。実力派「キャラ」の場合は高い収入を得ていることがそのキャラを引き立てるでしょうし、自由奔放で社会貢献に生きている人の場合は逆に収入の低いことがそのキャラにプラスに働くかもしれません。

三つ目はPlace（流通）です。これはどんなところに自分の身を置くかというふうに解釈できるでしょう。私はコンサルタント時代、「経営学の学問的知識の深さ」でキャラを立てることを目指していました。そのキャラとの整合性のため、日本経営学会、経営戦略学会、実践経営学会、組織学会の四つの学会に所属し、時々学会に顔を出したり発表したりしていました（年間の学会費だけでもバカにならないのですが……笑）。

最後はPromotion（販促）です。これは、見た目、立ち居振る舞い、話す中身、話し方など、とても大切なPといえるでしょう。内面的な品格が、これらに表れるようになれば本物です。

４Pの整合性

コンサルタントをやっていた頃、Promotionにはとても気を配っていました。といっても高価なスーツを着て高い靴を履く、という意味ではありません。私にとってのPromotionは、お客様の前ではいうまでもなく、どんな時でもプロフェッショナルとして「ピシッ」としていることを心掛けていたということです。この「ピシッ」は顧客からの信頼にもつながります。

たとえば、自社の事務所で夜遅くに作業する時でもネクタイをはずすことはほとんどなく、スリッパに履き替えることもありませんでした。もちろん、お客様の前でもないので、ネクタイをはずしたり、スリッパに履き替えたりしたほうが効率が上がるのではないかという意見もあります。確かにその通りかもしれませんが、恐らく私は、中身や見た目の両方において「ピシッ」とすべきという整合性にこだわっていたのでしょう。

この**「整合性」**という言葉は、実はとことんこだわりたい奥の深い言葉です。

ビジネスにおいては、マーケティング・ミックス（4P）の間の整合性にとどまらず、「ポジショニング」と4Pの間の整合性もとても大事です。さらにいえば、経営戦略とマーケティング戦略の整合性も大切になります。そして、最も大切なのは顧客ニーズなど「外」との整合性です。

この「整合性」を考え抜くためには、**「ビジネスモデル」**を検討することが有効です（ポーターはそれを「業務活動システム図」と表現しています）。このビジネスモデルがシンプルで整合性がとれていなければ、およそ事業の成功は見込めません。

私はデルに勤めている時、外部講演の依頼が多かったので、みんなにデルのダイレクト・モデルをわかりやすく伝えるために**【図4－3】**のような図を作成しました。この図はゆっくり読み解いていくと小学校三年生でも理解できるほどシンプルなものです。そしてしっかりとした整合性が存在しています。デルの強みは、

①このダイレクト・モデルが「シンプル」で「整合性」があるがゆえに組織に浸透している

図4-3　デルのダイレクト・モデル

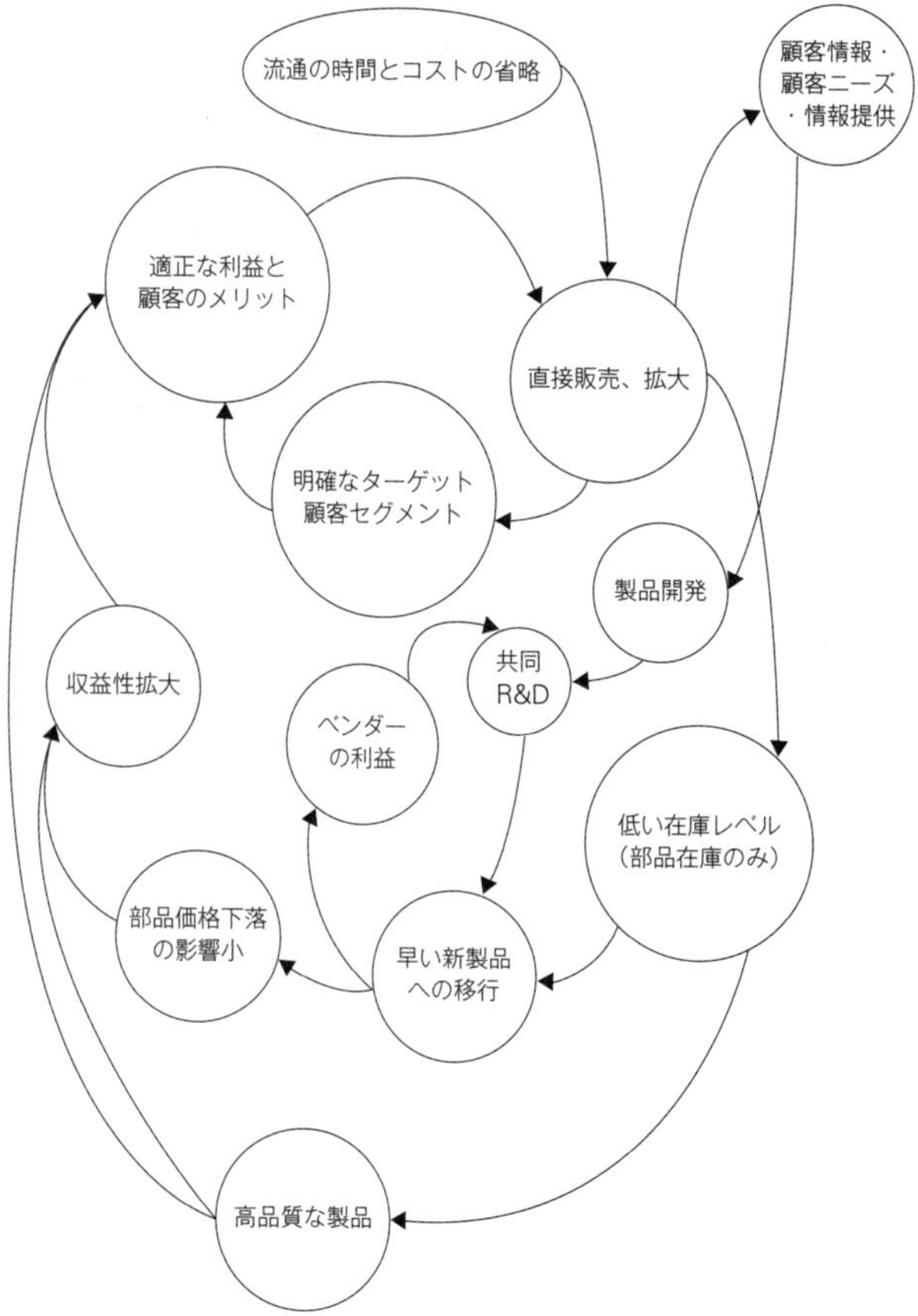

ということ
②組織に浸透しているので、すべての部門がこのモデルを進化させ、デルが大切にしている顧客体験（Customer Experience）の向上に注力できること
③そしてこのモデルは顧客にも理解されやすく、企業と顧客の間の共通認識（デルの製品は、このモデルゆえに安くて良い）が築けること
④その共通認識が「買う理由」となりビジネスが拡大すること
というふうに表現することができると思います（詳しくは、私の『組織力を高める』『顧客力を高める』（東洋経済新報社）に解説しているので手に取ってみてください）。

ちなみに成功のためのビジネスモデルを描ききることは一見簡単そうに見えて意外に難度の高い技だということは一言付け加えておきたいと思います（私が、「こんな独自のビジネスモデルで成功してきたんだ」ということを感じる事例は、サウスウエスト航空、アスクル、GE、イケア、セブン銀行など、そんなには多くはありません……）。

個人の価値を高めるためには、相手との接点でメッセージが「ちぐはぐ」になると相手に

は伝わりません。キーワードは「整合性」です。まずは、自分の4Pの整合性をチェックすることから始めてみてはどうでしょうか。そしてできれば自分の「ビジネスモデル」まで考えてみることができればなおよいでしょう。

column

マーケティング戦略と経営戦略の整合性

マーケティングの大家として真っ先に名前が挙がるのはノースウエスタン大学ケロッグ経営大学院で長年教鞭をとってきたフィリップ・コトラーでしょう。コトラーが手掛けたマーケティング関連の書籍は数限りなくあります。しかもそのほとんどがいわゆる「大作」です。最初から最後まで読み通すには結構なエネルギーが必要です。

ただその一方で体系的にマーケティングの理論を俯瞰するにはコトラーの書籍が一番よいのもまた事実です。普通のビジネスパーソンが手にするには『コトラーのマーケティング・マネジメント基本編』あたりまでが限界ではないでしょうか。その理由は適度に「網羅的」でありながら、何とか許容できる「厚さ」に収まっているからです。前節で紹介した『[改訂3版] MBAマーケティング』よりも少し学問的な色彩とグローバルの色彩が強くなっている本だといえるでしょう。

この書籍は、経営戦略論との関連性の議論から始まり、統合型マーケティング・コミュニケーション、ダイレクト・マーケティング、そしてセールス・フォース・マネジメントといったB2B領域まで広く解説しています。

実はあまり明確に語られることは少ないのですが、経営戦略とマーケティング戦略の整合性は非常に大切です。経営戦略とマーケティング戦略の整合性がとれている時には、資源配分のあり方や顧客への付加価値、マーケティングの打ち手などが混然と溶け合った整合性のある優れたビジネスモデルを描くことが可能となります。

マイケル・E・ポーターは、『戦略の本質』(ダイヤモンド・ハーバード・ビジネス・レビュー一九九七年)の中で、サウスウエスト航空という格安航空会社(LCC:Low Cost Carrier)の例を挙げて、成功する企業の整合性のあるビジネスモデルを紹介しています。

サウスウエスト航空は、軒並み大手の航空会社が倒産していく中で、何十年にもわたって利益を出し続け、成長してきた企業です。「座席指定がない」「機内食がない」「航空券がない」「清掃員がいない(乗務員が清掃を実施)」「飛行機の種類は一種類」「整備

図4-4　サウスウエスト航空のビジネスモデル（業務活動システム図）

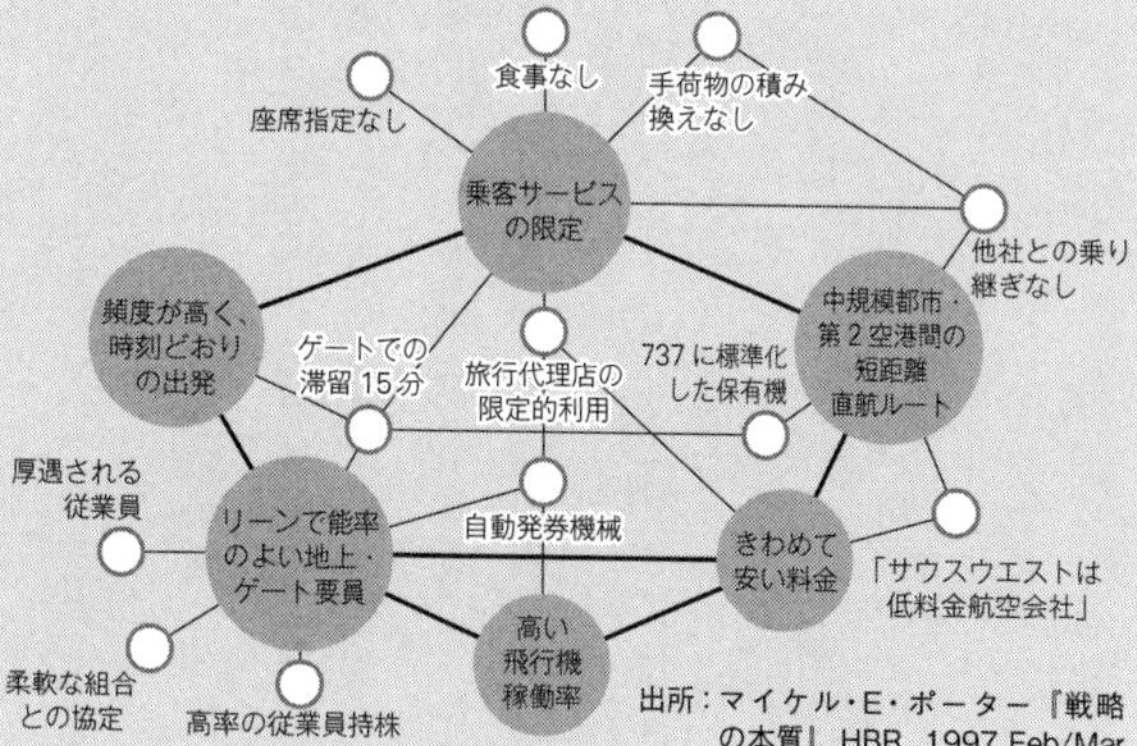

出所：マイケル・E・ポーター『戦略の本質』、HBR、1997 Feb/Mar

コストも安い」「社員の多くが株主」といった特徴が整合性をもって複雑に絡み合い、「価格が安い」「定時発着率が高い」など、特定の顧客に対する価値を生み出しています。【図4－4】をよく見てその整合性を味わってください。また本文中で紹介したデルのダイレクト・モデルも優れたビジネスモデルであるといえます。

優れたビジネスモデルには、それが生まれた歴史的な背景・経緯が必ず存在します。近年、ポーターも競争優位の戦略ポジションがなぜ築けたかを理解するためには、その歴史的経緯をひもとくことが必要だと訴えています。

デルのダイレクト・モデルの強み、その

限界についてじっくり考え、そこから学ぶためには、創業者による『デルの革命』をぜひ手に取ってみてもらいたいと思います。

《参考文献》

フィリップ・コトラー（恩藏直人監修、月谷真紀訳）『コトラーのマーケティング・マネジメント基本編』（ピアソン・エデュケーション）

マイケル・デル、キャサリン・フレッドマン（國領二郎監訳、吉川明希訳）『デルの革命』（日経ビジネス人文庫）

3　自分のストーリーを相手に憶えてもらう

POINT

「言うこと」「すること」「振る舞い」によって、周りの人の心の中に作られるイメージが自分ブランドです。自分自身の人生のオリジナリティーのある「ストーリー」を考え、それを伝えていきましょう。人は「事実」ではなく「ストーリー」で心を動かされるものだからです。

「何が真実か」よりも「何を信じているか」

先日、あれっと思う経験をしました。

それは山形県の米沢に出張した時のことです。米沢牛で有名な場所なので米沢牛を食べることを楽しみにしていたのですが、なかなか時間がなく、結局、駅弁で我慢する羽目になりました。そこで出張前に同僚から教えてもらっていた有名な駅弁を買って新幹線に飛び乗り、それに舌鼓を打ちながら幸せなひとときを過ごしました。しかし、あとで駅弁のパッケージをゆっくりと眺めていて、あれっと思ったのです。

実はどこにも米沢牛という記載がなかったのです。駅弁名の上に書かれていた文字は「米沢名物　牛丼弁当」、また原材料名の中には、牛肉煮、牛肉そぼろ（国産和牛）としか記載されていません。もちろん米沢牛が使われているのか使われていないのかはわかりませんが、ちょっとがっかりしてしまいました。

でも、ここにはある種の真理が隠れています。つまり顧客にとっては「何が真実か」よりも「何を信じているか」が大事だということです。多くの人にとって大事なストーリーは、きっとその駅弁は「米沢牛弁当」であり、そこに意味を見いだしていると思うのです。

時々「神は存在するか?」という議論を耳にすることがあります。これもきっと「本当に神が存在するか否かではなく、多くの人が神が存在すると信じるか否かが大切」なのでしょう。

マーケティングの世界、特にブランド論の中でも同じ理屈が成り立ちます。ブランドとは、製品やサービス、価格、店舗、プロモーション、広告宣伝、そしてどんな顧客がその製品やサービスを買っているかということも含めて、消費者の心の中に結ばれる「心像」にほかなりません。これらの要素が一貫して同じイメージを作っていく時、強いブランドは生まれます。つまり、顧客が信じていることがブランドなのです。

もちろん、これらは個人についても当てはまります。あなたのブランドイメージは、あなたの「言うこと」「すること」「振る舞い」によって、相手の心の中に結ばれる「心像」なのです。いくら自分は頑張り屋だと自分で思っていても、それが「言うこと」「すること」「振る舞い」に表れなければ決して相手はそうは思ってくれません。自分がどう思うかではなく、相手がどう思うかが根本的に重要なのです。

ブランド構築には時間がかかります。企業は一〇年、二〇年と時間をかけて地道にブランド作りを行っています。たとえば、ＢＭＷやルイ・ヴィトンといったブランドも長い時間をかけて作られました。そうやって作られたブランドほど輝いているものです。

相手の中の自分の「心像」、つまり「自分ブランド」を作るためには結構時間はかかるものなのだと思っておいたほうがよいでしょう。

ストーリーから自分ブランドを作る

それでは望ましい「自分ブランド」を作り出すためには、何に気をつければよいのでしょうか。大きく三つのポイントがあります。

一つ目は「ストーリー」を持つことです。たとえば自分が今こんなに頑張り屋なのは「幼少の頃は頑張り屋ではなかった自分が、大学時代、たまたま入った厳しいゼミで苦労をしながら研究をやりとげたからこそであり、今では徹底的に調べ、議論を尽くさないと納得できない性格になってしまった」といったような「ストーリー」を持ち、時にはそれについて語り、実践していくことが相手の心の中に印象を残していくことになります。人は「事実」だけで感動するのではなく、あなたならではの「ストーリー」に感動するものなのです。

二つ目は、相手の立場で考えることです。時々、就活の相談を受けるのですが、あまりに多くの学生が相手（面接官）のことを考えずに面接で失敗しているので、愕然とすることがあります。面接官は「なぜこの人は競合他社ではなく自社に興味を持っているのか」「なぜ多くの学生の中からこの人を採用すべきなのか」「採用すれば自社にとってどんなよいことがあるのか」などを知りたくて面接をしています。にもかかわらず、多くの学生はただ単なる自分の武勇伝や、自分の強み弱み、その企業で自分は何をしたいのかなど、自分本位の話だけを一生懸命していることが多いようです。大切なのは、そこからもう一歩踏み込んで「だから何なの？」と相手の立場で考え、伝えることです。

たとえば「頑張り屋です」だけではなく「頑張り屋だから、業界三位の御社がさらにその上に向けて飛躍するうえで自分の強みが活きると思います」とか、「留学経験があります」だけでなく「留学経験によって養われた異文化を理解する感性が、今後グローバル展開を強化しようとしている御社において役に立つと信じています」と、相手の立場に立って「だから何なの？」をしっかり伝えるほうが得策です。自分を伝えるためには、常に相手の立場に立ったコミュニケーションを心掛けるべきなのです。

三つ目は、時には周りの人から率直なフィードバックをもらうことです。結構自分のことは自分で見えていないものです。周りの人のうち三人が同じことを言ったとしたら、それは素直に認めるべきです。企業は時々、消費者調査やグループインタビューなどを行います。消費者から自分たちの製品やサービスがどのように見られているかに客観的に耳を傾けるためです。店頭に置かれているアンケート用紙もその一環です。個人もそれらを見習ってしかるべきでしょう。

以上のような三つのポイントに気をつけながら、自分の「言うこと」「すること」「振る舞い」を変えていけばきっと望ましい「自分ブランド」は作れるはずです。

column

ストーリーが顧客ロイヤルティに

『真実の瞬間』の著者であるヤン・カールソンは、経営危機に直面したスカンジナビア航空を見事復活させた経営者として有名です。その再建の原動力は「顧客本位の企業」にスカンジナビア航空を変革したことにありました。

顧客本位の企業は最前線の従業員なしには実現できません。カールソンは、航空券販売係や客室乗務員といった顧客と接する最前線の従業員の最初の〝一五秒間〟の接客態度が、その航空会社全体の印象を決めてしまうと主張しています。そして彼はその一五秒を「真実の瞬間」と呼んでいます。

ただ、この真実の瞬間は、単なる一五秒ではありません。

一九八六年、スカンジナビア航空は一〇〇〇万人の旅客を運び、一人の顧客はそれぞれほぼ五人の従業員と接していました。つまり一回一五秒の顧客接点が五〇〇〇万回分あったことになります。顧客の脳裏にはスカンジナビア航空の印象がその数の分だけ刻み込まれたのです。この五〇〇〇万回の真実の瞬間が、結局、スカンジナビア航空の成功を左右するのです。

その真実の瞬間をより良いものにするためには、リーダーがその重要性を説き、ビジョンを示し、現場に権限を与えることが大切となります。企業のブランドは、きっとそういった地道な努力の中から作られていくものなのです。

このように顧客の中に築かれた「心像」、つまりブランドは、今度は逆に企業に力を与えてくれます。フレデリック・F・ライクヘルドは、それを「ロイヤルティ」と呼び、顧客ロイヤルティに基づくマネジメントの重要性を説いています。

顧客ロイヤルティが向上すれば、顧客がその企業の製品やサービスを再購入する率（顧客維持率）が高まります。顧客維持率が高まると、その顧客には余分なコストがかからず、さらに多くの製品やサービスも購入してくれます。そして顧客の生涯価値が高まり、結果、企業の利益率が高くなるのです。

近年、市場の成熟化が叫ばれます。そのような成熟市場の中では、一人の顧客の価値を高めていくことが企業にとっての大きな課題となります。その際に、ブランドやロイヤルティといった企業と顧客の良好な関係性が重要となってくるのです。

《参考文献》

ヤン・カールソン（堤猶二訳）『真実の瞬間』（ダイヤモンド社）
フレデリック・F・ライクヘルド（伊藤良二監訳、山下浩昭訳）『顧客ロイヤルティのマネジメント』（ダイヤモンド社）

4 論理思考で行き詰まったら水平展開を考える

POINT 問題に対する「答え」は、必ずしも論理的思考によって得られるわけではありません。「水平思考」「アナロジー発想」「相手発想」、あるいは「外から答えを見つけてくる」といったやり方を使って、ユニークな「答え」を生み出していくメンタリティーも時には有効です。

正攻法だけでは問題解決できない

皆さんが、何か問題にぶつかった時、どのようにその答えを見つけようとするでしょうか。多くの人はロジカルシンキング（論理的に物事を整理していく思考法）やクリティカルシンキング（正しく物事を疑ってみる思考法）といった問題解決手法を挙げることでしょう。もちろん、私もその一人です。

ただ、こういった思考法だけではなかなか解決しない難しい問題もあります。それが時には思いもよらない発想で解決していくこともあるようです。たとえば、次のような事例は面白いかもしれません。

問題　アメリカに、ハインツというトマトケチャップを作っている会社があります。かつてこの会社は一つの問題に直面していました。それは次のような内容でした。

この会社のトマトケチャップの容器はこれまでずっと「ガラスビン」であり、当時、そのガラスビンの容器は会社のトレードマークにもなっていました。一方、ハインツのケチャップは使っているトマトの量が多く、粘度が高くて、このビンの容器から出すのが結構面倒でした。その結果、顧客から使いにくいという不満の声が多く寄せられていました。ハインツの特徴である「ガラスビン」の容器や中身を変えることなく、顧客の不満を抑えるにはどうしたらよいでしょうか。

答え　出にくいことを逆手にとって「ケチャップが出にくいのは、使用しているトマトの量が多い本格的なトマトケチャップだという証拠」という宣伝を行いました。ハインツは何も変えることなく顧客の不満を抑えることに成功し、さらにはハインツのトマトケチャップのイメージを向上させることに成功しました。

このような発想を**水平思考**（ラテラルシンキング）といいます。物事を分解し、明らかにしていくアプローチとは少し異なり、柔軟に発想を広げることによって、問題解決を図ろうとする発想法です。

柔軟に発想するためには六つの着眼点があります。それは「代用する」「逆転する」「結合する」「強調する」「除去する」「並べ替える」の六つです。普段の生活の中でどんなふうに役立つでしょうか。

マーケティングの大家、フィリップ・コトラーは「バレンタインデーに最愛の人にバラの花を贈る」(日本ではチョコレート?)の例を使ってこの発想法が普段の生活にも結構役に立つことを示してくれています。

①代用する　↓　バレンタインデーにシャンパンを贈る
②逆転する　↓　バレンタインデー以外の日に、毎日バラの花を贈る
③結合する　↓　バレンタインデーにバラの花とシャンパンを贈る
④強調する　↓　バレンタインデーに持ちきれないほどのバラの花を贈る
あるいは
バレンタインデーにバラの花を一本だけ贈る
⑤除去する　↓　バレンタインデーにバラの花を贈らない

⑥並べ替える　→　バレンタインデーに、愛されている人からバラの花を贈ってもらう

最近、彼女と気まずくなった人にとって、このような発想に基づく打ち手はインパクトのある打開策になるかもしれません。今、自分が直面している問題の解決のためには、肩の力を抜いて、あたりまえの「べき論」から離れ、柔軟かつ多面的に考えることが有効です。水平思考もその一つなのです。

アナロジーや「相手発想」も

他にも、まだまだ役に立つ発想法があります。たとえば「アナロジー発想」。これは、自分が経験したことや理解していることを「たとえ」にして考えてみる方法です。ちなみに気づいていると思いますが、この本は「アナロジー発想」のかたまりです！　身の回りの一見関係がなさそうに思える経験や知識の中にも、他のことに役に立つヒントが隠れているものです。そこから類推（アナロジー）を働かせない手はありません。

また、発想の「主語」を変えてみるのも一つです。よくビジネスの世界では企業が「売り手思考」に陥ってしまい、顧客が離れていってしまうことが起こります。大切なことは「主

語」を顧客にして「顧客思考」で物事を考え直してみることです。

日常生活を送っていくうえでもこれは大切な発想法といえます。つまり「自分」を主語にして考えるのではなく、「相手」を主語にした「相手発想」が、物事をスムーズに運ぶことにつながります（これは前節の相手の立場に立ったコミュニケーションと同じです）。ふだん、こんなことを言ったりしていませんか。

「私は、あなたにこんなによくしてあげているのに、あなたは……」

「あなたはしっかりと朝ごはんを食べるべきだ！（と私は思う）」

でも次のように相手を「主語」に考え直して会話をすると、相手の受け取り方も変わり、人間関係も変わってくるはずです。

「あなたが望んでいることを私はしてあげられているかな？　できれば私にも……」

「あなたの体が大事だから、朝ごはんを食べたほうがいいんじゃない？」

良いと思うことは真似をする

発想法とは少し違いますが、もっと単純に「外から答えを見つけてくる」という姿勢も時には役立ちます。簡単にいうと「真似」です。ビジネスの世界で、優良企業はこんな「外から答えを見つけてくる」という考え方も大事にしています。

たとえばＰ＆Ｇは「Search & Reapply（探してきて展開する）」というポリシーを持っています。自社・他社を問わず、ある国でうまくいっていることを他の国でそのまま展開するという手法を実践しているのです。花王の「クイックルワイパー」の成功を見て、Ｐ＆Ｇは同じような床を掃除する製品「Swiffer」をすぐさまアメリカで発売し、成功しました。

私もときどき人の「真似」をします。人のいいところはどんどん吸収すればよいのではないでしょうか。以前こんなことがありました。

仕事柄、名刺交換をする機会が多いのですが、ふと気がつくと名刺入れの名刺がなくなっていて困ることが何度かありました。ある時、同僚の一人が名刺入れの名刺を切らした際に、別の手帳やカバンから名刺を取り出してきて、その場をしのぐ場面に出くわしたのです。さっそく真似することにしました。今では、私のカバン、手帳、財布など、いろんなところに少しずつ名刺が入っています。それ以来、挨拶の際に名刺を切らすことはなくなりました。

生活の中において大切なのは問題を解決することであって、その解決策を自分で考えたのか、真似をしたのかではありません。なにか問題にぶつかった時には、「水平思考」「アナロジー発想」「相手発想」「外から答えを見つけてくる」といった思考法を遠慮なく駆使すればいいのではないでしょうか。

column

新しい発想を生むラテラルシンキング

これまでのマーケティングの考え方には、どちらかというと市場は成長していくものだという暗黙の前提があったといえるでしょう。しかし、現在、多くの市場は飽和し、競争は激化しています。このように成熟化した市場においては、売れる新商品を出していくために新たな思考法が必要となります。そこで提唱されたのがラテラル（水平思考の）マーケティングです。

コトラーとデ・ベスは、これまでのマーケティング・プロセス、すなわちニーズを特定し、ＳＴＰを構築し、４Ｐを設定するやり方をバーティカル（垂直思考の）マーケティングと呼び、ラテラルマーケティングをその補完的手法として位置づけ、重要性を説いています。

ラテラルマーケティングでは、ニーズを特定し、市場をひたすら垂直的に細分化していくのではなく、通常のプロセスにおいては捨象されていたカテゴリーや市場を新たに創造していくことを目指しています。その際に活用される創造的思考法は、次のような三つの単純なステップで表現することができます。

①フォーカスを選択する

②水平移動により、刺激を誘発する（→ギャップを生み出す）

③連結する（ギャップを埋める）

たとえば、「花」というものにフォーカスした場合、「花は枯れる」という属性が思い浮かびます。それを水平移動すると「いつまでも枯れない」というこれまでの「花」に関する常識とのギャップが生まれます。このギャップが新たな発想を誘発する力を持っており、そのギャップを連結しようとする努力の中から新しいコンセプト（この場合は「造花」）が生まれてくるのです**【図４－５】**。本文中に紹介した六つの着眼点は、こういった水平移動を行う際に役立ちます。

新たな市場や製品、つまり新たなイノベーションを生み出していくうえで、もう一つ重要なポイントを紹介します。それはイノベーションが起こる場所です。

一般的には、イノベーションはメーカーが起こしているものだと思われています。し

図4-5　「花」→「造花」への水平思考

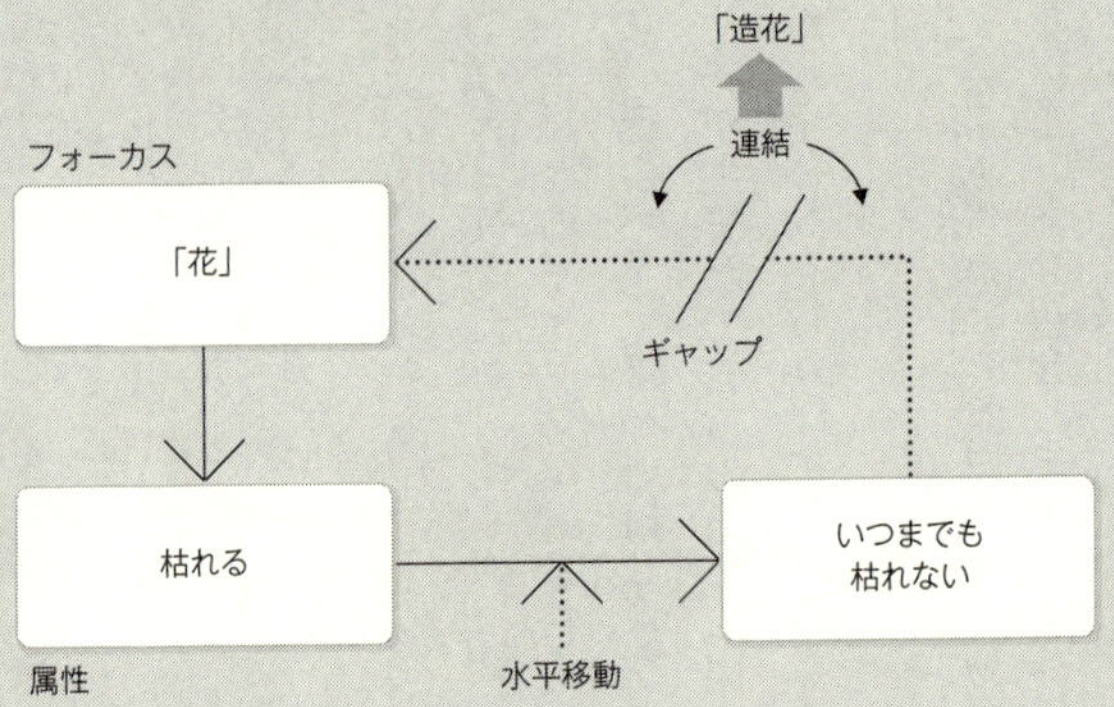

出所：『コトラーのマーケティング思考法』、p108,109,110をもとに作成

かし、実際には多くのイノベーションが、ユーザーやサプライヤーで発生していることがわかってきました。必ずしもメーカーだけが新しいものを生み出しているわけではないのです。

　その主たる理由は、「情報の粘着性仮説」にあります。「情報の粘着性仮説」とは、「情報の移転に大きなコストがかかり、かつ、その情報が問題解決（新たなイノベーション）に必要となる場合、その情報の生成場所で問題解決が行われる傾向がある」という仮説です。つまりユーザーやサプライヤーに存在する粘着性の高い情報が、その場所で新たなイノベーションを生み出していくのです。メーカーはそれをうまく取り込むことが必要になってきます。

神戸大学の小川進氏は、この「情報の粘着性仮説」を拡張し、セブン-イレブンの事例を通じて流通企業においても多くのイノベーションが発生していることを示しています。

《参考文献》

フィリップ・コトラー、フェルナンド・トリアス・デ・ベス（恩蔵直人監訳、大川修二訳）『コトラーのマーケティング思考法』（東洋経済新報社）

小川進『イノベーションの発生論理』（千倉書房）

第5章

自分を動かし、持続させる
——見える化、PDCA、主体性、正当性

1　思考と行動を「見える化」する

POINT 「見える」ということは問題解決の出発点です。また「見える」と問題から逃れることができなくなります。「思考の見える化」と「行動の見える化」を実践し、退路を断って「有言実行」を実現しましょう。

問題解決の出発点

毎日体重を量るだけでやせるというダイエット方法が紹介されていたのを見たことがあります。なるほど、これは確かに効果があるかもしれないなぁと思いました。なぜなら、この考え方は企業の問題解決の手法の「**見える化**」に通じるところがあったからです。

当たり前のことですが、問題は発見されなければ決して解決されることはありません。つまり、問題解決の第一ステップは問題の「見える化」にあります。もし解決する気がないのなら、問題は見えないほうが幸せです。

「見える化」という言葉の由来はトヨタにあります。トヨタは日々、問題を見える化することで「カイゼン（改善）」を続けている企業として有名です。その基本的な発想は、次に説明する「アンドン（行灯）」という仕組みの中にあります。

工場の生産ラインで何か問題があると、従業員はアンドンと呼ばれるランプを点灯させ、問題の発生を生産ライン全体に知らせます。つまり問題を見える化し、問題が起きたことを全員で共有するのです。そして、みんなでその問題を解決していきます。トヨタは日々のこの業務サイクルを回すことによって、生産現場でのたゆまぬ「カイゼン（改善）」を続けているのです。

また、見えるということは「続ける」ための推進力にもつながります。

先ほどの「毎日体重を量ること」は、日々、問題を見つめ続け、問題（この場合は太っていること）の解決に向けた意欲を失わないように自分をしむけるという効果が期待できるのです。

このように、「見える化」は問題解決にとどまらず、継続に向けた力も生み出すことができます。見えることが、先に進むための原動力の一つになるのです。その際、二つの見える化、①「思考の見える化」と②「行動の見える化」が大切になります。

①思考の見える化

まずは思考の見える化です。これは、今やろうとしていることの背景や理由、効果や意味合いなど、「自分の頭の中」を実際に紙の上に書き出してみることです。実はこの作業は自己嫌悪との戦いになります。なぜなら「思考の見える化」は、自分の考えの浅さを浮き彫りにしてしまうからです。たとえば次のような点に気づくことが多いものです。

①思考の全体像が狭い
②目的と打ち手の間に整合性がない
③考えの抜け・漏れがある
④物事の優先順位が間違っている
⑤そもそもの目標設定、背景認識が間違っている

ただこれらが客観的に見えるようになることは、大きなメリットを生み出します。この作業が新しいブレークスルーをもたらしてくれるからです。

なぜブレークスルーが生まれるのでしょうか？　おそらく紙の上に視覚化された思考のイメージが右脳を刺激するからではないでしょうか。頭の中だけでは考えが深まっているようでも、意外に深まっていないことが多いものです。ぜひ思考の見える化によって、右脳と左

脳のコラボレーションを促したいものです。

こうして新しいブレークスルーが見えてくると、ワクワク感が生まれ、人はそれをすぐにやってみたくなるものです。その結果、行動へのドライブがかかっていくことになります。

②行動の見える化

次は行動の見える化です。これに関しては、すでに第2章の1節で触れた通りですが、これから行動すべきことを紙の上にちゃんと書き出してみることです。そうすることで、今から、何をいつすべきかの全体像をはっきりとさせることができます。それと同時に、ボトルネックもはっきりしてきます。ボトルネックが見えてくると、そのボトルネック解消に向けて、早め早めの対応を取っていくことができるようになります。

また終了したタスク（項目）は、その都度、二重線で消していきましょう。多くのタスクが二重線で消されると結構気持ちよいものです。この気持ちよさ、つまり達成感は、次なる行動の意欲へとつながります。

ちょっと気恥ずかしいですが、このように見える化した「思考」や「行動」を身近な人と共有することは、さらにメリットをもたらします。ひょっとしたら、これまで自分では気づいていなかったような点に関してアドバイスをもらえるかもしれません。また人に言ってしまった以上、どうしてもやらざるを得ないという「有言実行」の局面に自分自身を追い込むことにもなります。

「不言実行」には逃げ道が存在します。実行しなくても誰にも気づかれないからです。「有言実行」には逃げ道がありません。それゆえ「有言実行」は、プラスαの推進力をもたらしてくれるのです。そして、「有言実行」で物事を達成した時、それは大きな自信と充実感を自分に与えてくれることになります。他人からの信頼感もきっと増すことでしょう。

できるだけ「有言実行」でありたいものです。

column

複雑な問題を見える化する工夫

トヨタは「アンドン」をはじめ、問題をしっかりと「見える」ようにすることで改善を続けています。

問題は見えなければ解決できません。つまり「見えること」は企業の競争力そのものにつながります。遠藤功氏はその著書『見える化』の中で、何が、どのように見えるべきかについて詳しく議論しています。

「見える化」の中でも特に重要なことは、現場の当事者が自分自身の抱える問題を自分自身で見えるようになることにあります。つまり管理のための見える化ではなく「自律の見える化」が重要となるのです。

もう一つ大切なことは、「見える化」が組織内に共通認識を生み出すことにあります。共通認識が醸成されて初めて、「見える化」が機能することになるからです。なぜなら、同じものを見て、同じように解釈されなければ、決して問題解決は起こりません。たとえば、典型的な見える仕組みである「信号機」は、信号が見えているからというだけでなく、みんなが「青は渡れ」という共通認識を持っているから初めて機能するのです。

「見える」ことの威力は大きいです。このような正しい見える化は、企業を問題解決へと駆り立てることになります。

また、問題解決のためには社員の論理的思考力も欠かせません。社員の論理的思考力をどう鍛えるかは経営の大きな関心事です。論理的思考法の根本には「ピラミッド構造」があります。物事をピラミッド型に構造化することが、頭の中の理解度を高めることにつながります。また、ピラミッド型に物事を整理することで相手に対するコミュニケーションも円滑化することができます。

ピラミッド構造の構築のためのアプローチには、トップダウン型とボトムアップ型の二通りが存在します。『考える技術・書く技術』で著名なバーバラ・ミントによると、トップダウン型は、

①伝えようとする主題を書き出す（ピラミッドの頂点）
②主題について読み手の感じるであろう「なぜ」を考え、答えを明確にする（ピラミッドの二段目）
③「それで何なの？」と自問自答する

というアプローチになります。

一方で、ボトムアップ型は、

①関連する項目をすべてリストアップする
②それらの項目の間の関係性を考える
③結論を導く（ピラミッド型に組み立てる）

というアプローチです。

論理的思考の原則は非常にシンプルですが、「わかる」と「できる」の間のギャップはとても大きいです。ぜひ「思考の見える化」を通じて論理的思考力を日々鍛えていっていただきたいと思います。

《参考文献》

遠藤功『見える化』（東洋経済新報社）
バーバラ・ミント（グロービス・マネジメント・インスティテュート監修／山崎康司訳）『考える技術・書く技術』（ダイヤモンド社）

2　一日単位、一〇年単位でＰＤＣＡを回す

POINT 一日単位から一〇年単位まで、複数の「ＰＤＣＡ」を同時に回します。「Ｃ＝Check」こそが成長のきっかけとなります。自分なりに納得感のある「Ｃ＝Check」ポイントを増やし、成長の可能性を広げていきましょう。

人はフィードバックによって成長する

ある優良企業のマネジャーとその部下の会話を聞いていてビックリしたことがありました。そのマネジャーは部下に対して「さあ、今日のＰＤＣＡをどう回そうか」と言っていたのです。ＰＤＣＡとはPlan-Do-Check-Actionのそれぞれの英単語の頭文字を取ったもので、ビジネスを前へ進めていくために必要となるサイクルです。

普通の企業でＰＤＣＡというと、一カ月とか四半期、あるいは一年という時間軸で考えるのが普通なのに、そのマネジャーは「一日単位」のＰＤＣＡを持ち出したのです。

誤解を恐れずにいうと、人はフィードバック（振り返り）によってのみ成長すると私は感

じています。学習したことや経験などを、自分なりに振り返って「それってこういうことなんだ」と納得して初めて次のレベルへと進んでいけるのだと思います。つまり、ＰＤＣＡの「Ｃ＝Check」が特に大切になります。よくいわれることですが、失敗経験は特に貴重なチャンスです。私にも多くの苦い経験がありました。その一つを紹介しましょう。

昔、経営コンサルタントになりたての頃、自分は正しいことを主張しているはずなのに、なかなかクライアントがそれを受け入れてくれず苦労したことがありました。数日後、ついにはクライアントの反感を買ってしまうという状況に陥ってしまいました。

その後、先輩コンサルタントが出てきてうまく対応してくれたので事なきを得たのですが、その先輩コンサルタントの対応は私の対応の仕方とは全く違っていたのです。彼は最初、自分の意見を押し付けることなく、じっくりと相手の主張をうなずきながら聞き、メモを取ることに終始していました。その光景に触れた時、全く相手のことを考えていなかった自分にハッと気づかされたのです。

「相手を受け入れることなく、自分を受け入れてもらうことなどあり得ない」

当たり前のことなのですが、この失敗経験を通じた気づきは、私の経営コンサルタントとしての成長を大きく促すことになりました。

「C＝Check」からの気づきは多ければ多いほどよいといえます。それゆえ一日単位のPDCAを意識して、毎日そこから学ぶことができたなら、成長の機会はぐっと広がっていくはずです。

ただ、PDCAにはいろんなサイクルがあってしかるべきです。

より長期間のPDCAも組み合わせ、複数のPDCAをいくつか同時に回していければそれに越したことはありません。

たとえば「一年」というサイクルは、いろんなものが一年単位で動くので、とても意識しやすく、行動にも移しやすいという利点があります。私は、この一年という単位でうまくPDCAを回すため、年末年始に実践していることがあります。

まず正月三ヶ日の間に、その年にやりたいこと、すべきことの項目を書き出すことにしています（これはまさに行動の見える化でもあります！）。たとえば「家族でハワイ旅行に行く」「住宅ローンを一〇〇万円繰り上げ返済する」「新規顧客を三件開拓する」といったふうに、多岐にわたる項目をたくさん書き出すのです。

そして年末の大晦日。その年の初めに書き出した項目をどれだけ達成できたか、できなかったか、できなかったとしたら、なぜできなかったかを振り返るようにしています。そして、それを踏まえてまた次の年の計画を正月三ヶ日に立てていくのです。
今年の重大ニュースといったようなテレビ番組を見ながら一年を振り返り、新春お笑い番組を見ながら一年の計画を立てるのは結構楽しいものです（家族は若干あきれ顔ですが……）。

これまでの人生をサイクルでとらえてみる

もっと長い期間も私は意識しています。私の最長のＰＤＣＡサイクルは「一二年」です【**図５－１**】。実は三〇歳を過ぎた頃、この「一二年」周期の存在に気づきました（気のせいかもしれませんが、干支も一二年周期ですよね……）。ちなみに私のこれまでの人生は次のようないくつかの「一二年期」に分かれています。

①夢の中で生きていた時代（〇歳から一二歳）：力いっぱい子供らしく遊び続けた時代です。
四国の片田舎に住んでいたので受験戦争からも全く無縁。日が暮れるまで遊び、夜八時には寝てしまうという夢のような少年時代でした。ただ、この最初の「一二年期」も終わりに近づいた小学校五年生の時、「遊び」の世界以外に「勉強」の世界があることに気づき、

図5-1　PDCAサイクル

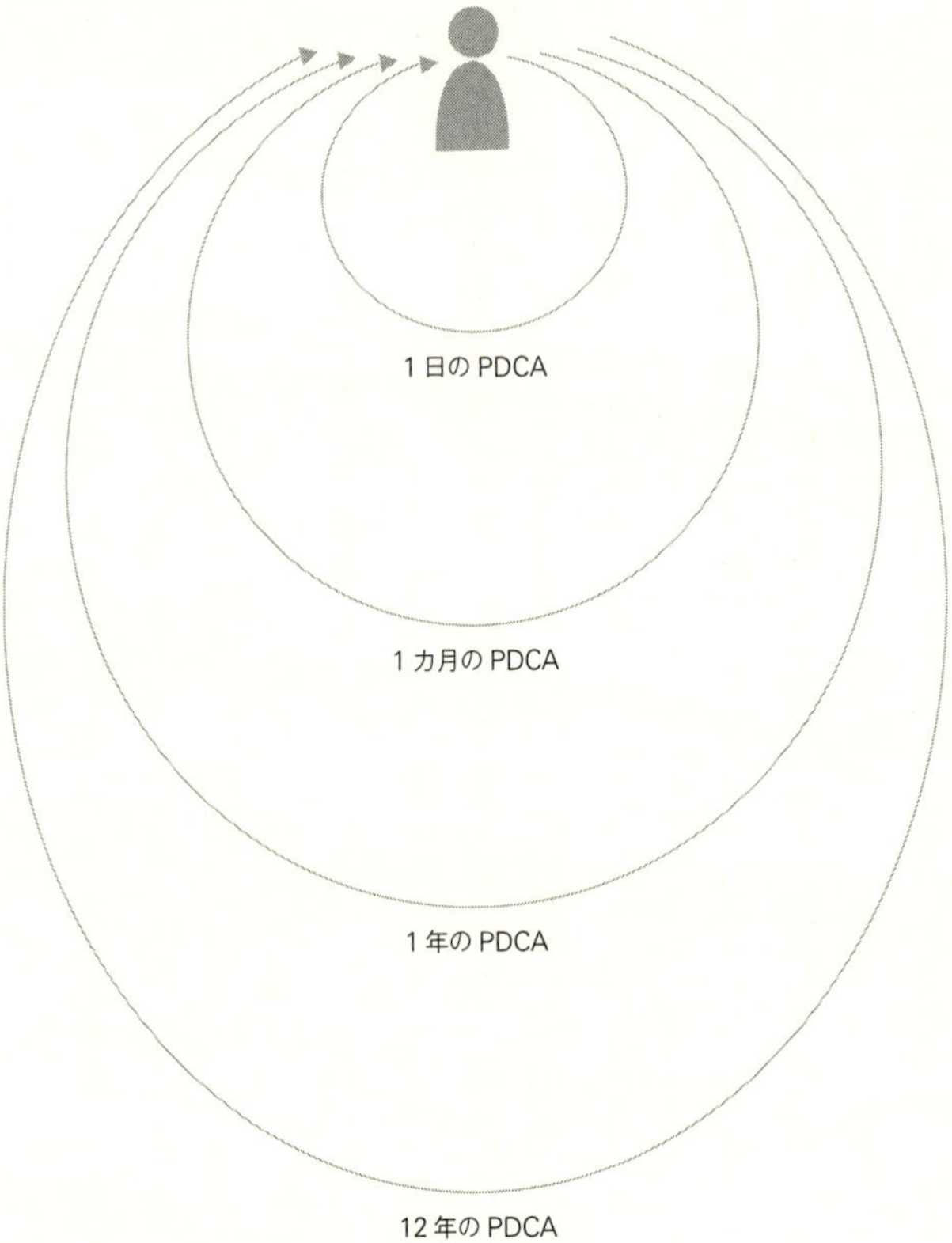

興味を持ち始めました。

②物理学者にあこがれた時代（一二歳から二四歳）：「空飛ぶ円盤（ＵＦＯ）」や「どこでもドア」をつくりたくて物理に目覚めた時代です。大学院（理学修士）までいきましたが、今の科学ではそれらを作ることが不可能であることがわかり、断念しました。また、三度の飯より物理が好きな人がいることも知り、そこまではできないという自分の限界にも気づきました。しかし、この一二年間で培われた「理系の頭」はその後のビジネスの世界で活きることになります。

③できるビジネスパーソンを目指した時代（二四歳から三六歳）：いきなり経営コンサルタントとしてビジネスの世界に飛び込みました。初めて「経営学」や「経済学」に触れ、ＭＢＡも取得しました。y＝f(x) 以外の論理（文系の論理？）に触れたのもこの時代です。デルやスターバックスに転職し、ビジネスパーソンとしての研鑽を重ねました。そこでの仕事の幅の広がりが、次の時代には役に立つことになります。

④世の中への価値提供を実践する時代（三六歳から四八歳）：再度、経営コンサルタントに戻りました。いろんな形で世の中にインパクトを与えたいと思ったからです。経営コンサルタントとしてクライアントに、大学の講師として次世代の人材に、そして出版や寄稿、

講演、研修などを通じて広く世の中のビジネスパーソンに。これまでの経験を最大限活かすことで、自分なりに世の中にインパクトを与えていこうと頑張ってきました。

そして今、四〇代のおわり頃から始めた大学の客員教員を経て、二〇一七年から筑波大学大学院の教授になりました。これは三〇代の頃描いたあるべき姿の三つの選択肢、①ビジネスの世界で経営者を目指している、②大学の先生になっている、③NPOのような社会貢献活動を行っている【図1－1】、の②をかなえたとも言えます。

皆さんもぜひ、これまでの自分の成長の過程を振り返ってみてはどうでしょう。そして、短いものから長いものまで、複数のPDCAサイクルを回してみてください。「C＝Check」を明確に意識することで人はおのずと成長していくものです。

column

エクセレント・カンパニーの問題解決力

一九八〇年代の初めに、トム・ピーターズとロバート・ウォータマンが書いた『エクセレント・カンパニー』という経営書が世界中でベストセラーになりました。アメリカの大企業を定量的、定性的に評価し、「超優良」企業一四社を抽出したうえで、それらに共通する基本的特質をまとめたものです。一四社とはベクテル、ボーイング、キャタピラー、ダナ、デルタ航空、ＤＥＣ、エマーソン電機、フルオア、ＨＰ、ＩＢＭ、ジョンソン＆ジョンソン、マクドナルド、プロクター＆ギャンブル、スリーエムのことでした。

抽出された「超優良」企業が幅広い業種にわたるため、その基本的特徴は主に組織文化面に焦点が当てられていますが、それらは次の八つです。

①行動の重視
②顧客に密着する
③自主性と企業家精神
④人を通じての生産性向上
⑤価値観に基づく実践
⑥基軸から離れない

⑦単純な組織・小さな本社
⑧厳しさと緩やかさの両面を同時に持つ

特に「行動の重視」という第一の特質は、他の七つの特質を支えているといってもよい特質です。そこでは三現主義（現地・現物・現実）の重要性と、実験や試行（開発段階でのテストや、テストマーケティング等）、そこからの学び、自らが変わっていくことの重要性が議論されています。

エクセレント・カンパニー（超優良企業）とは、周囲のあらゆる変化に器用に対応していく能力に特に秀でた企業なのです。

遠藤功氏も企業の組織能力である「現場力」の重要性を説いています。その著書『現場力を鍛える』の中では、経営を構成するピラミッドを、上から「ビジョン」「競争戦略」「オペレーション」と表現し、実際の経営の実行性を考える際にはその逆ピラミッドが大事だとしています。つまり、競争戦略を正しくやりきる主役はオペレーションを担う現場であり、その現場こそが企業価値を生み出す源泉となっているというのです。

また、ＰＤＣＡサイクルの重要性に触れたうえで、ＰＤＣＡにさらにもう一つのＡ（Achievement）を加え、「ＰＤＣＡＡ」が大切であるとし、決してやりっぱなしにすることなく結果に対するしっかりとした検証、それによる改善自体の質向上が鍵となるとも述べています。

《参考文献》
トム・ピーターズ、ロバート・ウォータマン（大前研一訳）『エクセレント・カンパニー』（英治出版）
遠藤功『現場力を鍛える』（東洋経済新報社）

３　本質を変えるには、まず「形」から変える

POINT

「意識」を変えて「行動」を変えるには、多くの場合、相当な努力が必要になります。反対に、「行動」を変えることによって「意識」を変えることも現実的な手段のひとつとなることがあります。つまり、自分自身の「形」をもっと意識して、自分らしく恰好つけてみることも継続力につながります。

「形」を変えることで「意識」が変わる

「明日から人に優しくしよう」「これからはものごとを前向きに考えよう」といったふうに、ものの考え方や意識を変えようと思ってもなかなか難しいものです。なぜなら、ものの考え方や意識の持ち方は、これまでの生活の中で習慣化し、クセになっているからです。

そこで少し発想を変えてみてはどうでしょう。意識を変えるのではなく、まず「形」、すなわち行動を変えてみるのです。「形」を変えることによって意識が変わるのを待ってみるというのも悪くはないと思います。

「ジンクス」はそのよい例だと言えます。たとえば「赤いネクタイをしていくとプレゼンテーションがうまくいく」といったようなジンクスがあったとしたら、そのジンクスは、「赤いネクタイをする」という形によって「プレゼンテーションがうまくいく」という暗示を自分自身にかけることになります。つまり、赤いネクタイをすることが、自分の自信を高めることに一役買うのです。

自分の意識を高めたり、考え方を変えるため、「簡単な行動」と「望ましい結果」を結びつけることは効き目があります。その簡単な行動はすぐに実行できますし、その簡単な行動を行うことが、望ましい結果をもたらすために必要な意識を生み出すきっかけまたは暗示になるのです。

たとえば「ゆっくり余裕を持って歩く」↓「自分に自信がわいてくる」「必ず発言をする」↓「自分の意見を持つようになる」といったことでよいのだと思います。

予定を先に決めてしまう

他にも「形」から入る方法はあります。それは先の予定を入れてしまうことです。なかなか私も意志が弱いほうなので何事につけ、ついつい物事を先延ばしにしてしまいがちになります。そうならないように予定という「形」を作ってしまうのです。

その際、緊急ではないけれど重要なことの予定を決めてしまうことがポイントです。そうすることで、大事なのはわかっているけど、日々の忙しさに流され、なかなかできないことに時間を振り向けられるようになります。無理にでも予定を入れてしまうと、いやでもそれに意識が向いていくことになるからです。

以前、ＭＩＴへの留学を目指していた時、ＴＯＥＦＬやＧＭＡＴの勉強をする時間がほとんど取れずに困っていました。経営コンサルティングという激務をこなしていたので無理もありません。しかし勉強しなければ点数は取れませんし、留学の夢も実現しません。そこで

「形」から入ることにしました。

ＴＯＥＦＬやＧＭＡＴの勉強を教えてくれる予備校に入るのではなく、留学準備の支援をしてくれる予備校に入ることにしたのです。

そこでは、いついつまでにＴＯＥＦＬの点数のハードルを越えなければなりませんとか、エッセイ（英語でいうエッセイとはちょっとした評論や小論文などのことです）を書くために自分のこれまでの経験を紙に書いて提出してくださいとか、いろんなマイルストーンを設定し、留学に至るまでの全体像を「形」として決めてくれました。おかげでやらざるを得なくなるのです（高いお金も払ったことですし……）。意志の弱い私にとってはうってつけの予備校でした。おかげで予定通りのタイミングで留学を実現することができました。

もちろん、「形」を大事にしてしっかりとした業績を上げている企業も多くあります。たとえばセブン‐イレブンは、ダイレクトコミュニケーションが重要だと考え、店舗を指導する約一七〇〇人ものオペレーショナル・フィールド・カウンセラーが二週に一回集まる会議を何十年も実施して続けてきました。また、自動車部品メーカーのデンソーは、四〇年以上ＱＣ活動を続け、毎年ＱＣ大会を開催しています。

「形」を作って「継続」することは、人や企業の意識の変革にもつながるのです。

尊敬する人になりきって思考する

まったく異なるアプローチとして「振る舞い方」という「形」から入るという方法もあります。つまり、身の回りの優れた人を自分のロールモデルにしてしまうという考え方です。「△△さんなら、この場合、どう振る舞うだろうか」「○○さんなら、この場合、どんな意思決定をするだろうか」といったように、その人になった気分で「振る舞う」と、意外と考え方の枠は広がるものです。ちなみに私には今、見習いたいロールモデルが五人ほどいて、その時々によって使いわけています。

心に迷いが生じたとき＝「常に前向きで自由奔放な発想ができる大学時代の友人」
問題の真因を考えるとき＝「すごく頭が切れるちょっと変わったベイン時代の上司」
複雑な問題を慎重に前に進めるべきとき＝「コンサル経験豊富なかつての同僚の一人」
ビシッとプレゼンテーションを決めたいとき＝「退任したローランド・ベルガーの元グローバルＣＥＯ」
相手の印象に残る深い会話をしたいとき＝「あるクライアント企業の会長」

ロールモデルを持ったり、予定でしばりを作ったりすることは、必ずしも自分を失うことにつながるとは限りません。逆に、しっかりとした自分の信念や考えをもって「形」を決めるからこそ、自分らしさが活きてくるのです。

もっと「形」から入ることを意識してみてはどうでしょう。

column

コヴィー『7つの習慣』とドラッカー『マネジメント』

経営学は時々、新しいものを何も生み出していないと批判されることがあります。新しいなにかを生み出しているのは、経営の現場、経営者であり、経営学は「後付け」の理屈であるというような批判です。もしそうだとしても、経営学には価値があると私は思います。なぜならその新しいものを「形」（フレームワークや実践のためのプロセスやヒント）に落とし込んで、世の中の富の拡大再生産に貢献しているからです。「形」は知の集大成と言ってもよいでしょう。

ここでは、ビジネスパーソンにとって有効な「形」を提示している書籍を二つ紹介します。

一つ目は、個人生活に焦点を当てているコヴィーの『7つの習慣』です。この本では、人間の行動を正しい方向に導いてくれる「原則」へのパラダイムシフトが大切であると主張しています。「原則」とは、自然や社会、人の意識の中に自然に存在する「正義」や「誠実」「奉仕」「貢献」「正直」といったようなものを指しています。

パラダイムシフトのためには、凝り固まった古い習慣を変革する七つの習慣が大切となります。

①主体性を発揮する：受身ではなく自己責任で、影響の輪を広げていく
②目的を持って始める：原則中心の自分・家族のミッションを考える
③重要事項を優先する：緊急ではないが重要なことに時間を配分する
④Ｗｉｎ・Ｗｉｎを考える：長期に成り立つ関係は相互依存のＷｉｎ・Ｗｉｎの関係だけ
⑤理解してから理解される：Ｗｉｎ・Ｗｉｎの出発点。相手の立場にたつこと
⑥相乗効果を発揮する：第三の案を考える
⑦刃を研ぐ：「学び」「決意」「実行」が螺旋階段のように成長を生んでいく

この本は、個人のミッション・ステートメントを書いてみるとか、緊急ではないが重要なことをリストアップするなど、「形」から入っていくためのヒントも数多く提供してくれます。

二つ目は、企業経営に焦点を当てているドラッカーの『マネジメント〈エッセンシャル版〉』です。

ドラッカーは、企業の目的は顧客の創造であるとし、その根底にはマーケティングとイノベーションが存在していると主張します。顧客創造のために必要となるのが、機能であり機関でもある「マネジメント」です。マネジャーは、投入した資源以上の価値を生み出すために、オーケストラの指揮者のような役割と、今すべきことと将来すべきこととのトレードオフを調和させていく役割を果たしていくことを求められているのです。

『マネジメント〈エッセンシャル版〉』では、マネジャーが成果への貢献を果たすために成すべきこと、たとえば、目標を設定する、動機付けを行う、マネジャーの育成の際の「ドゥーズ　アンド　ドンツ〈やるべき事、やってはならない事〉」を決めるなど、多くの「形」を学ぶことができます。

《参考文献》
スティーブン・R・コヴィー（ジェームス・スキナー／川西茂訳）『７つの習慣』（キングベアー出版）
P・F・ドラッカー（上田惇生編訳）『マネジメント（エッセンシャル版）』（ダイヤモンド社）

４　人を動かす原動力は「主体性」と「正当性」

POINT　「誠実に筋を通すこと」に自分の拠りどころを求めましょう。最後に自分に力を与えてくれるのは「主体性」と「正当性」です。また、自分自身の人生の価値や意味を決めることができるのは自分自身しかいません。

これまで、「行動を継続する」ことに関していろいろな手法を紹介してきました。それでも「自分は三日坊主で長続きしないのではないか」と感じている人は多いと思います。そんな人は今一度、自分を鼓舞し、継続する力を手に入れるためにも、ぜひ「**主体性**」と「**正当**

性」について考えてみてもらいたいと思います。それはひいては人を動かす力にもつながっていくはずです。

①「主体性」を取り戻そう

二〇代の頃、私は土日に仕事をするのが嫌いでした。

コンサルティング会社では、プロジェクトの大詰めの時など、週末をつぶして働くことはよくあります。それが必要なことだと頭ではわかっていても、若い頃、土日をつぶすことには抵抗感がありました。

いま思うと、仕事をすること自体が嫌だったのではないような気がします。

一番の理由は「人にやらされている」と感じていたからだというような気がするのです。上司から「月曜日までにこれを仕上げておいてね」と言われると、自分でもそれをしなければならないことがわかっているのに、逆にやる気がしぼんでしまう……。つまり「主体性」をちゃんと持てていなかったのでしょう。

年齢を重ね、だんだん上のポジションになってくると、自分の仕事を自分で組み立てられるようになっていきます。そうすると不思議なことに、週末に仕事をすることがそれほど苦ではなくなってきたのです。逆に平日より突発事項が入らない分、集中して仕事ができ、はかどって気持ちが良いくらいです。

この違いは、やはり「主体性」にあるのでしょう。他人からの指示ではなく、自分が「やらなきゃ！」と決めたことには、人は前向きに力を発揮できるものです。きっと言われる前に「やる」が大切なのでしょう。

小学校の頃は、皆さんも力いっぱい遊んだり、例えば、野球などに打ち込んだりしていたと思います。それでも疲れ知らずでした。それは自らそれらをすることを選び、それによって自らが成長していたからでしょう。「主体性」を取り戻し、やりたいこと、やるべきことを自ら決め、成長を実感できれば、必ず継続する力は高まるはずです。

②「正当性」を味方にしよう

コンサルティング業務においては、いろいろな難しい課題が存在します。その中の一つに、クライアント企業内での対立があります。部署間の確執、経営陣と現場での意見の相違、プロジェクトチーム内での反目、その形や程度は様々ですが、これらをクライアント企業のために解決していくのは、実はとても難しい問題です。

私は長年の経験から、それを乗り越え、当初の目的を達成していくための拠りどころは「正当性」にしかないと確信するようになりました。正しいことには一本の筋が通っています。結局、人は「筋が通ったこと」にしか納得しないようなのです。納得しないと人は動いてはくれません。

人を動かすための権力の源には「報酬や懲罰を与える立場」「相手が依存する何か（資源）を持っている」「なんらかの専門性を有している」「尊敬される模範となっている」などが挙げられます。ただ最終的に、人に「主体的」に動いてもらうためには「正当性」が一番大事になりそうです。

難しい局面に対峙したときは、そもそも何が正しいのかを主体的に考え抜き、これがきっと正しいに違いないという、信念とも呼べる誠実な「正当性」を持つことが、自分自身を支える力になり、ひいては人を動かし、ものごとを成し遂げていく力を自分に与えてくれるような気がします。

話は変わりますが、数年前の私のやるべきことの中に「座右の銘」を決めるという項目がありました。そして考え抜いた末、その大晦日に、ようやくそれを決めました。私の「座右の銘」は次の言葉（造語）です。

『至誠敬愛　一燈照隅』

至誠敬愛は、「正しい」とはどういうことだろうかということを考え抜いてたどりついたものです。まだまだ、私も何が「正しい」のかをちゃんと理解しているわけではありません。立場によって、時代によって正しいことは変わるようにも思えます。ただおぼろげながら「誠」「敬」「愛」は絶対的に正しいような気がするのです。

この「正しい」と思えることは自分の判断軸になります。自分の行動の判断軸を他人の考えや意見、あるいは他人との関係性の中に求めていては、自分の人生が他人まかせの浮わついたものになってしまいます。「誠」「敬」「愛」を判断軸に人生を実践していくということはどういうことなのかはいまだ曖昧ですが、自分の絶対的な判断軸にしていきたいと思っています。

「一燈照隅」という言葉は、藤尾秀昭著『小さな人生論』（致知出版社）の中で知った言葉です。もともとは次のような中国の古い逸話からきた言葉のようです。

魏王が「車の前後を照らす直径一寸の玉が宝だ」と言ったのに対し、斉王は「それぞれの一隅をしっかり守る人材がおり、それぞれが自分の守る一隅を照らせば、車の前後どころか、千里を照らすことができる。これが国の宝だ」と言ったそうです。

安岡正篤氏はこの言葉に感銘し「賢は賢なりに、愚は愚なりにその立場立場においてなくてはならない人になる。それを通じて世の中のためになる。そういう生き方を考えなければならない」と呼びかけ続けたと言います。


私も五〇歳を超え、人生の後半にさしかかりました。もちろんこれからできることには限界があるでしょう。少し寂しさはあります。ただ、これからやっていくことが大きな意味を持つことなのか、そうではないのかは、他でもない自分自身が決めることのような気がします。たとえ「ひと隅を照らすこと」であっても、精一杯努力していくことで人生の価値が生まれてくるような気がします。

私はこれからも、この『至誠敬愛　一燈照隅』を胸に、「正しく」「主体的に」がんばっていくつもりです。ぜひ皆さんも、充実した意味ある人生のために、新しい一歩を踏み出してもらえればと思います。

少しでもこの本の内容がそれに役立っていれば幸いです。

column

当事者意識は組織の腐敗も防ぐ

企業の組織の中には、必ず「フリーライダー」と呼ばれる人たちが存在します。これらの人たちは、頑張っても頑張らなくても自分にとっての結果は同じだと考え、他人の成果に「ただ乗り」していきます。こんなフリーライダーが増殖すれば、組織は間違いなく腐敗していってしまうでしょう。

また、リーダーが意思決定を放棄し、「落としどころ感知器」になってしまうと、企業は内向きとなり、そもそもの企業の目的達成から遠のいていってしまいます。

このような状況が続くと、やがて組織の中に「奇妙な権力構造」が生まれてきます。つまり、あまり価値を生まないけれどもバランス感覚のある秀才が、いかにもありそうなストーリー（物語）を語りながら、次第に権力を握っていく……。このような組織腐敗の構図を一橋大学教授の沼上幹氏は『組織戦略の考え方』の中で饒舌に物語っています。

これを打破するためには、当事者意識が高く、組織のベクトルと個人のベクトルが合った人間を作っていくことが重要となります。またそれを支える仕組みも必要となります。

結局、組織は人次第であり、主体的かつ正しい方向に組織を引っ張っていこうとする人がどれだけいるかで組織の力は決まっていくのでしょう。

組織には、さまざまな側面が存在します。そして生き物のように成長し、成熟していくのです。組織について多面的に学習するうえで適切なテキストブックとして、最後に『組織の経営学』を紹介しておきたいと思います。

『組織の経営学』では、組織とはなにか、戦略との関係性、組織構造、オープン・システムとしての組織、文化や倫理、イノベーションと変革、意思決定プロセス、権力構造など、組織の体系的な解説がなされています。

《参考文献》

沼上幹『組織戦略の考え方』（ちくま新書）
リチャード・L・ダフト（高木晴夫訳）『組織の経営学』（ダイヤモンド社）

本書は二〇一〇年に日本経済新聞出版社より刊行された『売れる「じぶん」を作る』を改題のうえ、日経文庫化したものです。

平井　孝志（ひらい・たかし）
筑波大学大学院 ビジネスサイエンス系 教授
香川県出身、1965年生まれ。東京大学教養学部基礎科学科第一卒業、同大学院理学系研究科相関理化学修士課程修了。マサチューセッツ工科大学（MIT）MBA。早稲田大学より博士（学術）。ベイン・アンド・カンパニー、スターバックス、デル、ローランド・ベルガーなどを経て現職。早稲田大学ビジネススクール客員教授、慶應義塾大学ビジネススクール特別招聘教授を兼務。主著に、『日本企業の収益不全』（白桃書房）、『本質思考』（東洋経済新報社）。

日経文庫1372
キャリアアップのための戦略論

2017年３月15日　１版１刷

著　者　平 井 孝 志
発行者　斎 藤 修 一
発行所　日本経済新聞出版社
http://www.nikkeibook.com/
東京都千代田区大手町1-3-7　郵便番号100-8066
電話（03）3270-0251（代）

装幀　next door design
組版　マーリンクレイン
印刷・製本　三松堂

ISBN978-4-532-11372-8

Printed in Japan
JASRAC 出 1702285-701